Manfred Bergmann, Reinhard Selka (Hrsg.)

D1695957

Berufsstart für
Hauptschüler

39 Ausbildungsberufe,
die Hauptschülern wirklich offen stehen

wbv.basic

Bibliografische Information Der Deutschen Bibliothek

Die Deutsche Bibliothek verzeichnet diese Publikation in der Deutschen Na-
tionalbibliografie; detaillierte bibliografische Daten sind im Internet über
<http://dnb.ddb.de> abrufbar.

Verlag:
W. Bertelsmann Verlag
GmbH & Co KG
Postfach 10 06 33
33506 Bielefeld

Gesamtherstellung:
W. Bertelsmann Verlag, Bielefeld

Manuskript:
Manfred Bergmann,
Reinhard Selka

Lektorat:
Thomas Bäuml

Gestaltung:
Marion Schnepf
www.lokbase.com

ISBN 3-7639-3322-0
Bestell-Nr. 60.01.368b

3. aktualisierte Auflage

© W. Bertelsmann Verlag
GmbH & Co. KG, Bielefeld 2005
Printed in Germany

Inhalt

Liebe Leserin, lieber Leser,

Hauptschülerinnen und Hauptschüler haben gute Chancen auf einen Ausbildungsplatz, wenn...
Antworten auf dieses „wenn" gibt dieses Buch.

Denn es gibt tatsächlich zahlreiche Ausbildungsberufe, die Hauptschülern wirklich offen stehen. In diesem Buch werden 39 Berufe vorgestellt, in denen Hauptschüler mindestens ein Drittel der Azubis stellen. Viele Berufe, das ist keine Übertreibung, werden von Hauptschülern „beherrscht", sie haben dort einen Anteil von 50 bis 70 Prozent. Und diese Berufe stehen im Mittelpunkt des Buches. Hauptschülerinnen und Hauptschüler – mit und ohne Abschlusszeugnis – können erkennen, dass sich eine Bewerbung in einem dieser Berufe lohnt. Zu den meisten dieser Berufe werden darüber hinaus Alternativen aufgezeigt, d.h.: Es sind Hinweise auf Ausbildungsberufe mit ähnlichen Tätigkeiten oder Arbeitsbedingungen enthalten. Aus Platzgründen haben wir uns bei der Auswahl auf die Berufe mit dem größten Ausbildungsangebot beschränkt. Beachten Sie daher bitte noch Folgendes:

- Es gibt noch eine ganze Reihe von „kleineren" Berufen, in denen HauptschülerInnen in der Mehrheit sind. Lassen Sie sich also umfassend beraten und nutzen dieses Buch als Basisinformation!
- Bewerben Sie sich auch in Berufen, in denen Ihre Chancen scheinbar nicht so gut stehen, wenn Sie überzeugende Gründe dafür angeben können!
- Wenn Sie nicht gleich den Einstieg in eine Berufsausbildung finden: Sehen Sie sich nach Alternativen um, die Ihnen nach einem oder zwei Jahren bessere Startchancen in einem der hier beschriebenen Berufe sichern. Dies können die in diesem Jahr neu angebotenen Qualifizierungsbausteine sein, ein Berufsvorbereitungsjahr oder eine der vielen Alternativen für Schulabgänger mit schlechteren Voraussetzungen: Planen Sie also langfristig!

Die beschriebenen Berufe haben eine teilweise lange Tradition, gleichwohl sind sie aktuell und auf den Arbeitsmarkt von morgen ausgerichtet. Eine erfolgreiche Ausbildung in diesen Berufen schafft somit eine hervorragende Grundlage für die spätere Berufstätigkeit und berufliche Karriere, aber auch für eine unternehmerische Selbstständigkeit. Hinweise zur Gliederung:

Ein Beruf für HauptschülerInnen

Die statistischen Angaben über den Hauptschüleranteil im jeweiligen Beruf entsprechen dem Stand 2003.

Dauer und Verlauf der Ausbildung

Angegeben ist die Ausbildungszeit, die in der Ausbildungsordnung festgelegt ist. Diese kann im Einzelfall verkürzt oder verlängert werden. Über entsprechende Anträge entscheidet die jeweils zuständige Kammer. Dort bekommt man auch Auskünfte darüber, wann die Voraussetzungen für eine vorzeitige Zulassung zur Abschlussprüfung wegen guter Leistungen erfüllt sind.

Aber auch das Gegenteil ist möglich: Die Ausbildungszeit kann von der zuständigen Stelle auf Antrag des Auszubildenden auch verlängert werden, wenn sonst das Ausbildungsziel nicht erreicht würde. Das ist manchmal für „Spätstarter" der bessere Weg als die verpatzte Abschlussprüfung.

Außerdem enthält das Buch Informationen darüber, ob Ausbildungsberufe in Fachrichtungen oder Schwerpunkte gegliedert sind und ob Teile der Ausbildung der in anderen Berufen entsprechen.

Ausbildungsvergütung

Die Beträge stellen Mittelwerte dar, die aus den am 1. Oktober 2004 geltenden Tarifverträgen für den Wirtschaftsbereich errechnet wurden, dem der jeweilige Ausbildungsberuf hauptsächlich zugeordnet ist. Meist gelten für die alten und die neuen Länder unterschiedliche Sätze. Die Ausbildungsvergütung kann auch geringer sein als angegeben, zum Beispiel bei staatlich geförderter Ausbildung.

Was sollten Lehrlinge in diesem Beruf mitbringen?

Diese Hinweise dienen natürlich nur der ersten Orientierung – sie können kein persönliches Gespräch mit dem Berufsberater der Arbeitsagentur oder eine individuelle Eignungsuntersuchung ersetzen.

Zukunftschancen   Nähere Auskünfte geben unter anderem Arbeitsagentur, Industrie- und Handelskammern bzw. die Handwerkskammern, Innungen, Berufsverbände und Gewerkschaften. Dort erhält man auch Infos über Möglichkeiten der finanziellen Förderung etc.

„O-Töne" von Auszubildenden

Einige Berufe werden von Azubi-Berichten illustriert: Diese basieren auf Interviews mit „echten Auszubildenden" über ihren Alltag.

Bielefeld, im Februar 2005
Herausgeber und Verlag

Anlagenmechaniker/-in für

Sanitär-, Heizungs- und Klimatechnik

Ein Beruf für HauptschülerInnen?

Dieser Beruf ist erst 2003 durch die Zusammenlegung und technologische Neuausrichtung der früheren Ausbildungsberufe Gas- und Wasserinstallateur, Zentralheizungs- und Lüftungsbauer und Anlagenmechaniker, Fachrichtung Versorgungstechnik, entstanden. Die aktuellen Zahlen über den Anteil der HauptschülerInnen sowie die Verteilung nach Geschlecht können daher augenblicklich nur anhand der „alten" Berufe geschätzt werden. Tarifvertragliche Regelungen liegen dagegen bereits vor und sind hier aufgeführt.

Anteil der Hauptschüler

62,1 %

Verteilung nach Geschlecht

♂	♀
99,3 %	0,7 %

Ausbildungsvergütung in Euro		
	alte Länder	neue Länder
1. Jahr	473	311
2. Jahr	506	346
3. Jahr	556	384
4. Jahr	605	412

Was machen AnlagenmechanikerInnen für Sanitär-, Heizungs- und Klimatechnik?

Kurz gesagt: Sie schaffen die Voraussetzungen dafür, dass wir uns wohl fühlen, in welchen vier Wänden wir uns auch immer aufhalten, zu Hause, am Arbeitsplatz, in Hotels oder im Kino. Ohne diese Fachleute der Versorgungstechnik geht nichts: keine vernünftige Körperpflege, kein Kochen und auch Wellness wäre ohne sie nur ein Fremdwort. Das Wetter können sie zwar auch nicht beeinflussen, doch sie sorgen dennoch für unser Wohlbefinden. Egal, ob an kalten Winterabenden im Wohnzimmer, im Schwimmbad oder im Sportverein nach schweißtreibendem Training unter der Dusche. Sie statten Häuser und Wohnungen, Hotels und Büros mit der „passenden" Wärme- oder Klimaanlage aus und sorgen dafür, dass wie selbstverständlich überall dort Wasser verfügbar ist, wo es gebraucht wird und es nach Gebrauch wieder verschwindet. Damit sind die Hauptaufgaben der Anlagenmechaniker für Sanitär-, Heizungs- und Klimatechnik umrissen, ganz gleich, ob es sich um die Montage, die Instandsetzung oder die Wartung von Heizungs-, Lüftungs- oder Klimaanlagen handelt, Gas-, Wasser- oder Abwasserleitungen zu verlegen oder zu reparieren sind.

Aber auch in diesem Beruf gilt, vor der Ausführung steht die Planung. Die Gas-, Wasser und Heizungsprofis müssen vor allem auf besondere bauliche Gegebenheiten, auf Umweltaspekte, nachhaltige Energieanwendung und vor allem auf die Wirtschaftlichkeit Rücksicht nehmen. Denn wer klagt nicht über die viel zu hohen Heizkosten? Sind die Heizungsrohre verlegt und Warmwasserbereiter, Brenner und Energiebevorratungsanlage installiert, kann die Anlage in Betrieb genommen werden. Und wenn die ganze Heizung mal streikt, dann muss der Fachmann beweisen, dass er nicht nur montieren, sondern auch reparieren kann, und dies nicht nur während der üblichen Arbeitszeiten, im Notdienst auch in der Nacht und an Sonn- und Feiertagen.

Da moderne Gewerbebauten nicht nur beheizt, sondern ggf. auch gekühlt werden müssen, um die richtige Arbeitstemperatur zu gewährleisten, spielt die Klimatechnik eine zunehmende Rolle.

Ohne handwerkliches Geschick geht in diesem Beruf nichts, aber ohne Kundenorientierung und ein ausgeprägtes Verständnis für Qualität geht gar nichts. Diese Gesichtspunkte stehen deshalb schon während der Ausbildung im Vordergrund.

Praxisbeispiel

Steffen A.

Eine komplette Wohnungsheizung liefern – von der Kundenberatung bis zur Abnahme – war eine gute Vorbereitung auf die Gesellenprüfung für Steffen A. „Das macht natürlich nicht einer alleine und schon gar nicht der Lehrling. Aber man muss als Anlagenmechaniker schon wissen, welche Größe die Therme und die Heizkörper haben müssen, ob Ausgleichsgefäße erforderlich sind und wie man mit möglichst geringem Aufwand und unter Beachtung aller Vorschriften die erforderlichen Gas-, Wasser- und Heizungsrohre verlegt." Die Lehre hat Steffen noch als Gas- und Wasserinstallateur angefangen, will sie aber möglichst nach den Regeln der modernisierten Ausbildungsordnung abschließen. „In der Praxis habe ich in der Haustechnik eigentlich gute Erfahrungen in allen Anforderungen an Anlagenmechaniker sammeln können – da müsste das eigentlich gehen."

Dauer und Verlauf der Ausbildung:

Die Ausbildung dauert $3^1/2$ Jahre. Ausbildungsbereiche sind Industrie und Handwerk. Es bestehen Differenzierungsmöglichkeiten durch Fachaufgaben.

Was sollten Lehrlinge in diesem Beruf mitbringen?

Erfahrene Anlagenmechaniker wissen es: Oft muss „über Kopf" oder liegend gearbeitet werden, oder man muss sich in eine Ecke zwängen. Das setzt körperliche Robustheit und eine belastbare Wirbelsäule voraus. Man muss sich auch auf wechselnde Arbeitsorte und individuelle Kundenwünsche einstellen können.

Aber auch Köpfchen braucht man in diesem Beruf. Beispiel Wohnraumsanierung: Eine Heizungsanlage soll in einem Altbau installiert werden. Komplikationen sind angesagt, weil es keine Baupläne mehr gibt. Da sind zündende Ideen und Improvisationsfähigkeit gefragt.

Bevor eine Montage ausgeführt wird, muss das Ganze solide geplant werden: Wer sich eine Planzeichnung räumlich vorstellen kann, der ist gut dran. Auch der Umgang mit englischsprachigen Unterlagen ist keine Seltenheit. Wer sich allerdings scheut, wenn´s staubig wird, wer Lärm nicht ertragen kann oder sich „die Hände nicht schmutzig machen" möchte – der sollte von diesem Beruf doch lieber die Finger lassen.

Zukunftschancen

Manchem liegt nach der Ausbildung mehr die Klimatisierungstechnik, andere bevorzugen Kundendienst, Altbaumodernisierung oder wollen ihre Fachkenntnisse über Öl- oder Gasfeuerungen ausbauen – die Spezialisierungsmöglichkeiten sind vielfältig. Auch die elektronische Steuerung bzw. Optimierung ganzer haustechnischer Anlagen spielt eine zunehmende Rolle, bei der auch Klimaanlagen, Wärmetauscher und Lichtschutz eine Rolle spielen.

Der Katalog von Weiterbildungsangeboten ist dem entsprechend vielfältig.

Man kann sich auch zum „Staatlich geprüften Techniker für Heizungs-, Lüftungs- und Klimatechnik" fortbilden oder den Meistertitel erwerben, um sich beruflich selbstständig zu machen.

Ausbildungsplatzsuche

Sie können sich bei Ihrer örtlichen Industrie- und Handelskammer bzw. Handwerkskammer nach Betrieben erkundigen, die Anlagenmechaniker für Sanitär-, Heizungs- und Klimatechnik ausbilden. Im Internet hilft oft der Blick in den Ausbildungsplatz-Informationsservice der Arbeitsagentur unter *www.arbeitsagentur.de*. Oder Sie suchen in den gelben Seiten Ihrer Region nach Betrieben aus dem Sanitär-, Heizungs- und Lüftungsbaugewerbe und fragen dort nach Ausbildungsplätzen.

Anteil der Hauptschüler

65,3 %

Verteilung nach Geschlecht

♂	♀
99 %	1 %

Ausbildungsvergütung in Euro

	alte Länder	neue Länder
1. Jahr	554	490
2. Jahr	860	684

Ein Beruf für HauptschülerInnen?

65,3 Prozent der angehenden Ausbaufacharbeiter haben die Hauptschule (mit oder ohne Abschluss) besucht. Wer sich für andere Zweige der Baubranche interessiert, für den kommt auch die Ausbildung zum Hochbaufacharbeiter oder zum Tiefbaufacharbeiter infrage; s. Seite 115 (Übersicht „Berufe der Bauwirtschaft").

Was machen Ausbaufacharbeiter-Innen?

Ausbaufacharbeiter sind die Generalisten des Innenausbaus – ihre Arbeit beginnt, wenn der Rohbau steht oder eine grundlegende Modernisierung erfolgen soll.

Sie verkleiden Wände und Decken mit Nut- und Federbrettern, helfen beim Ausbau des Dachstuhls, montieren Leichtbauwände und stellen Holzschalungen für Bauteile aus Stahlbeton her.

Auf den fachmännisch hergerichteten „Unterbau" kleben sie Fliesen-, Platten- und Mosaiken, vornehmlich in Küche und Bad, während sie für den Wohn- oder Außenbereich Verzierungen in Gips oder Mörtel fertigen und befestigen.

Eine „abgehängte Zwischendecke" zieht der Ausbaufacharbeiter ebenso ein, wie er einen „schwimmenden Estrich" verlegt oder zur Freude der späteren Bewohner des Hauses für eine niedrige Ölrechnung sorgt, weil er Dachstuhl und Außenwände gut isoliert.

Dauer und Verlauf der Ausbildung:

Die Ausbildung zum Ausbaufacharbeiter dauert 24 Monate. Das erste Lehrjahr sieht eine Grundbildung vor, die für alle 18 Ausbildungsberufe der Bauwirtschaft gleich ist. Im zweiten Ausbildungsjahr erfolgt eine Spezialisierung in einem der folgenden sechs Schwerpunkte:

- Zimmerarbeiten
- Stukkateurarbeiten
- Fliesen-, Platten- und Mosaikarbeiten
- Estricharbeiten
- Wärme-, Kälte- und Schallschutzarbeiten
- Trockenbauarbeiten

Diese Spezialisierung nimmt die Hälfte der Ausbildungzeit ein. Nach Ablauf der zweijährigen Ausbildung erfolgt die Abschlussprüfung zum Ausbaufacharbeiter. Nach Abschluss dieser ersten Stufe kann nach einem weiteren Ausbildungsjahr ein Berufsabschluss in der zweiten Stufe erworben werden (siehe Übersicht Seite 115).

Was sollten Lehrlinge in diesem Beruf mitbringen?

Ausbaufacharbeiter sollten schon eine kräftige Statur haben: Es kommt vor, dass schwer gehoben werden muss. Körperhaltungen wie Knien, Hocken und Bücken sind alltägliche Mühsal – das darf die Wirbelsäule nicht krumm nehmen. Hoch auf Gerüsten und Leitern zu arbeiten, ist zudem nichts für jemanden, dem leicht schwindelig wird. Und drängelt der Bauherr, der sein neues Haus beziehen will, steht ein Ausbaufacharbeiter auch schon mal unter Zeitdruck und braucht gute Nerven. Dann muss in Überstunden nachgeholt werden, was vorher die Schlechtwetterphase oder andere Widrigkeiten verhinderten.

Zukunftschancen

Die Stufenausbildung der Bauwirtschaft macht es möglich: Ihren Abschluss als Ausbaufacharbeiter einer der genannten sechs Schwerpunkte erwerben die Lehrlinge nach zwei Jahren. Wer nun bereit ist, ein weiteres, drittes Lehrjahr anzuhängen, kann seinen fachlichen Schwerpunkt vertiefen – und so einen weiteren berufsqualifizierenden Abschluss erwerben. Dann werden aus Ausbaufacharbeitern Estrichleger oder Stukkateure, Trockenbaumonteure, Fliesen-, Platten- und Mosaikleger, Zimmerer oder Wärme-, Kälte- und Schallschutzisolierer.

Aber auch der zweijährige Ausbildungsberuf bietet Chancen: Gerade bei Modernisierungsarbeiten sind Generalisten gefragt, die die breite Palette der Ausbauarbeiten beherrschen. Zudem gibt es viele Spezialtätigkeiten am Bau, auf die man sich konzentrieren kann, von Betonsägen bis Blitzschutz.

Ausbildungsplatzsuche

Sie können sich bei der örtlichen Handwerkskammer bzw. Industrie- und Handelskammer, aber auch bei Innungen nach Betrieben erkundigen, die Ausbaufacharbeiter ausbilden. Im Internet hilft oft der Blick in den Ausbildungsplatz-Informationsservice der Arbeitsagentur unter *www.arbeitsagentur.de*. Oder Sie suchen in den gelben Seiten Ihrer Region nach Betrieben aus dem Baugewerbe und fragen dort nach Ausbildungsplätzen.

Ein Beruf für HauptschülerInnen?

73,9 Prozent der angehenden Bäcker haben die Hauptschule (mit oder ohne Abschluss) besucht. Wer Backwaren herstellen möchte, und zudem ein Händchen für feinfühlige Tätigkeiten wie die kunstvolle Dekoration von Torten hat, könnte sich auch für den Beruf des Konditors interessieren (siehe Seite 70). der einen Anteil von 60,3 Prozent an Hauptschülern hat.

Eine weitere Alternative für Leute mit ausgeprägter Kundenorientierung ist der „Fachverkäufer im Nahrungsmittelhandwerk – Fachrichtung Bäckerei/Konditorei" (siehe Seite 35).

Anteil der Hauptschüler

73,9 %

Was machen BäckerInnen?

Bäcker müssen üblicherweise früh aufstehen, das ist richtig. Mit dieser Aussage wird der Beruf der BäckerInnen leider von vielen von vornherein als nicht attraktiv angesehen. Doch das ist schlichtweg falsch, denn dieser Beruf bietet viel Interessantes und vor allen Dingen gute Perspektiven. Denn was ist so zukunftssicher wie Essen und Trinken?

Bäcker versorgen uns mit Backwaren aller Art. Dazu gehört die Herstellung von Brot, von dem es mehr als zweihundert verschiedene Sorten gibt, von Kleingebäcken wie Brötchen, von rund 1.200 Arten feiner Backwaren sowie von Snacks. Zur breiten Angebotspalette zählen auch Party-, Salz-, Käse, Dauergebäcke und diätetische Erzeugnisse. Die Ansprüche der Verbraucher richten sich nicht nur auf Geschmack, Aussehen und Bekömmlichkeit, sondern auch

Verteilung nach Geschlecht

♂	♀
80,5 %	19,5 %

Ausbildungsvergütung in Euro		
	alte Länder	neue Länder
1. Jahr	385	325
2. Jahr	440	346
3. Jahr	545	381

auf den Gesundheitswert und sind deshalb einem ständigen Wechsel unterworfen.

Die Brötchen müssen immer frisch sein, sie dürfen aber von Zeit zu Zeit gerne mal ein anderes Aussehen und einen neuen Geschmack haben.

Bevor die fertigen Waren über den Ladentisch gehen, müssen Bäcker eine Menge von sehr unterschiedlichen Arbeitsgängen erledigen. Dazu gehören:

- Prüfen und sachgemäßes Aufbewahren der Rohstoffe (zum Beispiel Mehl, Backmischungen, Hefe, Backfette u. a.),
- Zusammenstellung und Vorbereitung dieser Rohstoffe nach standardisierten oder individuellen Rezepten,
- Kneten und Formen der verschiedenen Teige,
- Heizen, Beschicken und Bedienen des Backofens und anderer Backgeräte sowie Warten dieser Maschinen,
- Überwachen und Lenken von Gärungsvorgängen,
- Herstellen von Füllungen und Belägen für feine Backwaren sowie deren Garnierung, Lagern, Schneiden, Abwiegen, Verpacken, ggf. Tiefgefrieren und Entfrosten von Fertigerzeugnissen.

Moderne Technik hat die früher schwere körperliche Arbeit abgelöst und trägt zur Vereinfachung der Arbeitsvorgänge bei. So werden nicht mehr alle Erzeugnisse täglich frisch hergestellt. Teige für feine Backwaren können auf Vorrat produziert, mit Hilfe modernster Tiefgefrieranlagen gelagert und bei Bedarf entfrostet, abgebacken und verkaufsfertig gemacht werden, ohne an Frische und Qualität zu verlieren. Moderne Backöfen oder Backautomaten können nacheinander beschickt werden, so dass die verschiedenen Produktionsgänge genau

Praxisbeispiel

Karina Rullkötter

Tierarzthelferin habe sie zunächst werden wollen, sagt die siebzehnjährige Karina, und schmunzelt. Die Ausbildung sei jedoch überlaufen gewesen: „Da hat mich die Berufsberatung auf günstige Einstiegschancen im Fleischer- und Bäckerhandwerk hingewiesen." Was auf sie zukommen würde, wusste Karina nicht, als sie den Ausbildungsvertrag bei der Bünder Bäckerei „Bäckerjunge" dann in der Tasche hatte. Doch die Praxis enttäuschte die neugierige Siebzehnjährige nicht, ihr gefällt die Arbeit in der Backstube. Obwohl sie im ersten Lehrjahr ist, stehen schon jetzt Tätigkeiten an, die ein Händchen für feinere Arbeiten erfordern: „Meine Aufgabe ist es zum Beispiel, Brötchen eine Glasur zu geben oder Gebackenes mit Puderzucker zu veredeln."

Ohne eine ruhige Hand im „oft hektischen" Backstubenbetrieb würde wohl die eine oder andere Dekoration misslingen: Wer im „Bäckerjungen" einen

der allseits beliebten „Amerikaner"
kauft, dem lacht von dessen Oberfläche
ein Schokoladengesicht entgegen.
Gezeichnet: Karin Rullkötter, Bäckerei-
auszubildende.

geplant und überwacht werden müssen. Das verhindert Leerlauf, steigert die Produktivität und spart Energie.

Die innerstofflichen Vorgänge bei der Brot- und Gebäckherstellung (Beispiel: wie schnell geht welcher Teig auf?) sind vorauszuplanen und zu lenken. Das erfordert hohe Sachkenntnisse über Teigherstellung, Gärführung und Teigbearbeitung. Und damit die Qualität immer stimmt, sind die Bäcker selbst ihre schärfsten Kontrolleure, denn in Sachen Lebensmittelhygiene, Lebensmittelrecht und Qualitätsmanagement lassen sie sich von keinem etwas vormachen.

Die Ausbildung erfolgt fast ausschließlich in Handwerksbetrieben, nur zu einem verschwindend geringen Teil in Industriebäckereien.

Dauer und Verlauf der Ausbildung:
Die Ausbildung zum Bäcker dauert 3 Jahre. 2004 trat eine modernisierte Ausbildungsordnung in Kraft. Danach gehört auch die Zubereitung von kleinen Gerichten unter Verwendung von frischen Rohstoffen zu den Aufgaben von Bäckern.

Was sollten Lehrlinge in diesem Beruf mitbringen?
Wie in allen Lebensmittelberufen ist Sinn für Sauberkeit eine unabdingbare Eigenschaft guter Bäcker: Der Rührlöffel muss in diesem Beruf regelmäßig gegen den Putzlappen getauscht werden. Bereitschaft zur Teamarbeit, Bewältigen von Arbeitsspitzen, Geschicklichkeit, rechnerische Fähigkeiten (Kassenbereich) und gepflegtes Äußeres

für den Kundenkontakt sind weitere wichtige Eigenschaften.

Lehrlinge sollten keine Geschmacks- oder Geruchsstörungen, keine chronischen Hauterkrankungen und keine Haut- oder Atemwegsallergien mitbringen. Dass Langschläfer in diesem Beruf keine Chance haben, muss wohl nicht näher ausgeführt werden.

Zukunftschancen

Ob türkisches Naschwerk oder Bio-Brot: Selbstständige Bäcker haben viele Möglichkeiten, ihre Produktpalette zu erweitern. Für die Selbstständigkeit allerdings braucht man, das nötige Kapital – und, wenn man diesen Schritt schon bald nach der Ausbildung tun will, die bestandene Meisterprüfung. Altgesellen können sich nach sechs Berufsjahren (davon vier in leitender Funktion) auch ohne Meisterprüfung selbstständig machen, sofern sie die entsprechenden betriebswirtschaftlichen Kenntnisse nachweisen können.

Dem Meister stehen auch in der Industrie viele Wege offen. So kann er sich z.B. als Ausbildungsleiter um die Nachwuchsschulung kümmern. Der innerbetriebliche Aufstieg über den Schichtführer, Betriebsassistenten bis zum Betriebsleiter ist vom Engagement des Einzelnen abhängig.

Doch es muss nicht unbedingt der Meister sein: Es ist ein guter Anfang, erst einmal Berufserfahrung zu sammeln und sich, je nach Neigung, zu spezialisieren – etwa auf Brot oder Konditorwaren. Daneben stehen Bäckergesellen viele andere Möglichkeiten offen, z.B. als Hotelbäcker oder – wer´s lieber international mag – als Schiffsbäcker.

Natürlich kann ein Bäcker auch „seinen Techniker" machen, z.B. in der Fachrichtung Lebensmittelverarbeitungstechnik. Er kann auch Bäckereiprodukte und -maschinen verkaufen.

Ausbildungsplatzsuche

Sie können sich bei der örtlichen Handwerkskammer oder Industrie- und Handelskammer nach Betrieben erkundigen, die Bäcker ausbilden. Im Internet hilft oft der Blick in den Ausbildungsplatz-Informations-Service der Arbeitsagentur unter *www.arbeitsagentur.de.*

Oder Sie suchen in den gelben Seiten Ihrer Region nach Betrieben aus dem produzierenden Gewerbe (Brotfabriken) bzw. dem Einzelhandel (Bäckerei-Fachgeschäfte, Kaufhäuser) und fragen dort nach Ausbildungsstellen.

Ein Beruf für HauptschülerInnen?

58,1 Prozent der angehenden Beton- und Stahlbetonbauer haben die Hauptschule (mit oder ohne Abschluss) besucht. Die Übersicht der Berufe in der Bauwirtschaft (Seite 115) zeigt den Weg dorthin sowie weitere berufliche Möglichkeiten am Bau.

Was machen Beton- und StahlbetonbauerInnen?

Der Neubau einer Eisenbahntrasse soll ein Tal in kühnem Schwung überspannen. Von beiden Seiten wird eine atemberaubende Brückenkonstruktion vorgeschoben. Eine anspruchsvolle Aufgabe für Beton- und Stahlbetonbauer.

Aber auch beim Bau von Gebäuden sind sie gefragte Fachleute. Sie stellen Fundamente, Säulen und Versteifungen her. In Spezialfirmen sind Beton- und Stahlbetonbauer für die Herstellung von ganzen Wandelementen im Fertigbau zuständig.

Die Betonbauspezialisten erstellen und montieren Schalungen aus Holz und Metall, die den Bewehrungsstahl und den flüssigen Beton aufnehmen und ihm seine Form geben. Sie biegen und flechten die Stahlbewehrungen und mischen Beton aus Zement, Sand, Zuschlägen und Wasser nach genauen Berechnungen vor Ort, wenn es um kleine Mengen geht. Bei größeren Baustellen dagegen wird der Beton nach genauer Vorgabe fertig angeliefert und muss fachgerecht verfüllt werden. Dabei bedienen sie moderne Maschinen und Geräte, zum Beispiel, um den Beton durch Stampfen und Rütteln zu verdichten. Spätestens wenn die Schalungen entfernt werden,

Anteil der Hauptschüler

58,1 %

Verteilung nach Geschlecht	
99,9 %	0,1 %

Ausbildungsvergütung in Euro		
	alte Länder	neue Länder
1. Jahr	554	490
2. Jahr	860	684
3. Jahr	1086	864

zeigt sich, ob die Beton- und Stahlbetonbauer etwas von ihrem Handwerk verstehen – und der Verkehr sicher rollen kann bzw. ein Haus ruhigen Gewissens bezogen werden kann.

Dauer und Verlauf der Ausbildung

Die Ausbildung zum Beton- und Stahlbetonbauer dauert drei Jahre. Nach zwei Jahren und einer ersten Prüfung erwerben die Lehrlinge einen ersten berufsqualifizierenden Abschluss: Sie sind nun Hochbaufacharbeiter. Ein weiteres Lehrjahr und eine zweite Prüfung später sind sie dann Beton- und Stahlbetonbauer.

Was sollten Azubis in diesem Beruf mitbringen?

Den Kopf im Nacken starrt der Wanderer nach oben, wo auf der Krone eines Staudamms Beton- und Stahlbetonbauer gerade die letzten Schalungen entfernen. „Schwindelfrei müssen die wohl sein", schätzt er die Lage richtig ein.

Und das ist nicht die einzige Voraussetzung für diesen Beruf: Egal ob es stürmt, regnet oder schneit, die Arbeit muss getan werden.

An hoch aufragenden Bauwerken wie Staudämmen oder Talbrücken wird oft mit so genannten Kletterschalungen gearbeitet, die mit dem Fortschreiten der Bauarbeiten sozusagen mitwandern. Bei der Arbeit mit solchen Schalungen ist eine besondere Sorgfalt nötig, schließlich sollen sie später exakt funktionieren. Auch sonst gehören Genauigkeit, Gewissenhaftigkeit und Zuverlässigkeit zu den Grundvoraussetzungen, die die Bauspezialisten für ihren Beruf brauchen.

Zukunftschancen

Mit einiger Berufserfahrung können bewährte Betonbau-Fachleute den Grundstein für eine Karriere mit unterschiedlichen Zielen legen: Als Vorarbeiter leiten Beton- und Stahlbetonbauer kleinere Arbeitsgruppen oder führen selbstständig schwierige Teilaufgaben aus.

Nach entsprechender Weiterbildung ist dann die nächste Stufe der Werkpolier, der als Assistent und Stellvertreter eines Poliers tätig ist – und vielleicht irgendwann dessen Nachfolger wird: Ein weiterer Lehrgang nämlich bereitet auf die Polierprüfung vor. Geprüfte Poliere leiten selbstständig eine Baustelle, setzen Mitarbeiter ein, sie koordinieren und überwachen den Bauablauf.

Weitere Aufstiegsmöglichkeiten eröffnet der Besuch einer Technikerschule. Geprüfte Bautechniker erstellen zum Beispiel Pläne für die Baustelleneinrichtung oder sind in der Kalkulation und Abrechnung von Bauwerken tätig. Auch die Meisterprüfung bietet Möglichkeiten des beruflichen Fortkommens, insbesondere ist sie eine gute Voraussetzung für den Weg in die Selbstständigkeit. Im Handwerk ist sie dafür eine zwingende Voraussetzung, wenn man diesen Schritt schon bald nach der Ausbildung tun will. Altgesellen können sich dagegen erst nach sechs Berufsjahren (davon vier in leitender Funktion) selbstständig machen, sofern sie die entsprechenden betriebswirtschaftlichen Kenntnisse nachweisen können.

Ausbildungsplatzsuche

Sie können sich bei der örtlichen Industrie- und Handelskammer oder Handwerkskammer nach Ausbildungsbetrieben erkundigen. Im Internet hilft oft der Blick in den Ausbildungsplatz-Informationsservice der Arbeitsagentur unter *www.arbeitsagentur.de.* Oder Sie suchen in den gelben Seiten Ihrer Region nach Betrieben aus der Baubranche und erkundigen sich dort nach Lehrstellen.

Ein Beruf für HauptschülerInnen?

63,0 Prozent der angehenden Dachdecker haben die Hauptschule (mit oder ohne Abschluss) besucht. Wer sich für eine andere Arbeit in luftiger Höhe auf dem Bau interessiert, für den kommt auch der Beruf des Beton- und Stahlbetonbauers (Seite 16), des Zimmerers (Seite 108) oder des Gerüstbauers in Frage. Die Berufe der Bauwirtschaft sind auf Seite 115 dargestellt.

Was machen DachdeckerInnen?

Sie arbeiten häufig, jedoch nicht immer auf dem Dach. Hier ist die Berufsbezeichnung irreführend. Dachdecker werden in zwei Fachrichtungen ausgebildet: Sie sind entweder Spezialisten für „Dach-, Wand- und Abdichtungstechnik" oder für „Reetdachtechnik".

Sie fertigen die notwendigen Unterkonstruktionen und decken Dach- und Wandflächen mit Dachschiefer, Dachschindeln, Dachziegeln, Dachsteinen, Dachbahnen und Faserzement. Es werden jedoch auch andere Materialien, wie zum Beispiel metallähnliche Werkstoffe, Metallfolien und Kunststoffe eingesetzt. Sie führen Flachdachdeckungen und -abdichtungen unter Verwendung neuer Produkte und chemischer Entwicklungen durch, bekleiden Außenwände und erstellen Dach- und Turmschalungen, also die „Innenhaut" der Dächer. Dabei geht es manchmal sehr hoch hinaus, denn auch Kirchtürme müssen dann und wann wieder renoviert werden.

Einfassungen sowie Dichtungen und Vorrichtungen zum Ableiten des Regenwassers werden gefertigt, Dachfenster

Anteil der Hauptschüler

63,0 %

Verteilung nach Geschlecht

♂	♀
99,0 %	1,0 %

Ausbildungsvergütung in Euro

	alte Länder	neue Länder
1. Jahr	539	539
2. Jahr	733	733
3. Jahr	875	875

Praxisbeispiel
Ömer Güvez

„Als Kind war ich in allen Baumwipfeln zu Hause", blickt Ömer Güvez zurück. Keine schlechte Voraussetzung für das Dachdeckerhandwerk, schließlich müssen er und seine Kollegen auch in Schwindel erregender Höhe routiniert arbeiten. Ömer lernt im zweiten Lehrjahr bei der Bredemeier GmbH & Co. KG im niedersächsischen Stadthagen den Beruf des Dachdeckers. Knapp 40 Meter waren die höchste Höhe, in der der Siebzehnjährige bisher gearbeitet hat. Die Gebäude, auf denen Ömer Güvez schon eingesetzt war, waren sehr unterschiedlich – das garantiert Abwechselung: „Im vergangenen Jahr hatten wir viel mit der Sanierung von Neubaudächern zu tun, aber auch Aufträge auf Pfarrhäusern waren schon dabei." Die volle Aufmerksamkeit des Dachdeckers ist bei Wind und Wetter gefordert, wie Ömer erlebt hat: „An einem stürmischen Tag habe ich mal auf dem Flachdach eines Krankenhauses gearbeitet. Wenn wir dort bestimmte Materialien wie etwa Styropor nicht beschwert hätten, hätten sie sich sofort selbstständig gemacht." Der Lehrling beschreibt

und Solarelemente eingebaut, Schneefanggitter angebracht, Bauwerke abgedichtet. Dachdecker dieser Fachrichtung errichten Schutz- und Arbeitsgerüste, führen Maßnahmen zum vorbeugenden Holzschutz und zur Bekämpfung von Holzschädlingen durch, entwerfen Blitzschutzanlagen, bringen sie an, prüfen, überwachen und reparieren sie. Daraus wird deutlich, dass Dachdecker wirklich mehr tun, als ihre Berufsbezeichnung aussagt.

Maschinen und Geräte wie Hebewerkzeuge, Aufzüge, Bitumenpumpkocher, Kunststoffschweißgeräte, Dachflächentrockner und andere Geräte für die Abdichtungstechnik, Maschinenwerkzeuge in der Befestigungstechnik und zahlreiche andere Hilfsmittel erleichtern den professionellen Luftikussen heutzutage die Arbeit.

Wer bei Dachdeckern der Fachrichtung Reetdachtechnik an stürmische Nordseeinseln denkt, liegt richtig: Diese Spezialisten decken Dächer nicht mit Hartmaterialien, sondern mit dem Naturstoff Reet. Das erfordert hohe handwerkliche Geschicklichkeit, damit Dichtigkeit, Haltbarkeit und gutes Aussehen gleichermaßen erzielt werden, wobei Dachrändern Kehlen, Firsten, Gauben und Dachvorsprüngen besondere Aufmerksamkeit zu schenken ist.

Dauer und Verlauf der Ausbildung:
Die Ausbildung dauert drei Jahre. Für das dritte Lehrjahr kann zwischen den Fachrichtungen Dach-, Wand- und Abdichtungstechnik oder Reetdachtechnik gewählt werden.

Was sollten Lehrlinge in diesem Beruf mitbringen?

Wem beim Gedanken an eine Tätigkeit in luftiger Höhe anders wird, sollte sich die Wahl des Dachdeckerberufes gut überlegen: Die Arbeit auf Dächern und Gerüsten gehört zum täglichen Handwerk. Dachdecker müssen durch sorgfältige Einhaltung von Sicherheitsbestimmungen die Unfallgefahr minimieren – das setzt einen zuverlässigen, gewissenhaften Arbeitsstil und Rücksichtnahme im Team voraus.

Wer anderen beruflich aufs Dach steigen möchte, sollte neben Schwindelfreiheit auch andere körperliche Voraussetzungen mitbringen: Gewandtheit, gutes Hörvermögen, volle Funktionsfähigkeit der Hände, der Beine und der Wirbelsäule sowie Widerstandsfähigkeit gegen wechselnde Witterungen. Doch ohne Theorie gehts auch in diesem Beruf nicht. Es ist einiges zu berechnen an Flächen und sonstigen Maßen und beim richtigen Positionieren der Leiter gelten die Gesetze des Pythagoras, die Dachdeckern sozusagen in Fleisch und Blut übergehen.

Zukunftschancen

Unterschiedlichste Weiterbildungslehrgänge bieten Spezialisierungsmöglichkeiten im Dachdeckerberuf: Was halten Sie von einem Lehrgang über Fassadenbau, in dem man sich mit dessen Planung und Ausführung befasst? Vielleicht sind Sie eher an Kupferbearbeitung oder dem Einsatz von Schiefertafeln beim Dach- und Fassadenbau oder an der Erhaltung alter Bausubstanz interessiert? Wollen Sie mehr über Wärmeschutz, Dachausbau, Blitzschutz, Dachbegrünung, Rechnungswesen oder Fachwerksanierung erfahren? Kein Problem – zahlreiche Kurse, die oft auch berufsbegleitend belegt werden können, vermitteln dieses Wissen.

einen typischen Arbeitsvorgang: „Manchmal arbeiten wir mit Schiefer. Die Schieferplatten kommen zum Beispiel im Format 30 cm mal 30 cm bei uns an. Bei der so genannten ‚altdeutschen Deckung‘ wird als nächstes ein Bogen in jeden Ziegel gehauen. So entsteht die typische, nach unten runde Form. Die so bearbeiteten Schieferplatten werden gelocht und mit Schiefernägeln an der Unterkonstruktion des Daches befestigt.“ Wie er darauf gekommen ist, Dachdecker zu werden? „Mein Vater ist Dachdecker und hat mir immer viel von seinem Beruf erzählt. Das hat mich schon früh neugierig gemacht ...“

Solches Fachwissen erleichtert den beruflichen Aufstieg, der über den Vorarbeiter zum Baustellen- oder gar Betriebsleiter führen kann. Wer ehrgeizig ist und die Möglichkeit hat, Zeit für vorbereitende Kurse oder einen erneuten Schulbesuch aufzubringen, kann ein Technikerzeugnis erwerben. Hierfür wird eine mehrjährige Berufserfahrung vorausgesetzt. Zur Meisterprüfung, die Voraussetzung für die Selbstständigkeit ist, kann man sich direkt nach der Gesellenprüfung anmelden. Altgesellen können sich nach sechs Berufsjahren (davon vier in leitender Funktion) selbstständig machen, wenn sie die entsprechenden betriebswirtschaftlichen Kenntnisse nachweisen können. Aufbauend auf der Meisterprüfung besteht die Möglichkeit, in einem Seminar den Abschluss zum Energieberater im Dachdeckerhandwerk zu erwerben. Wer sich schließlich Zusatzkenntnisse zur Betriebsführung aneignen will, der kann sich an Akademien zum Betriebswirt des Handwerks weiterbilden.

Ausbildungsplatzsuche

Sie können sich bei der örtlichen Handwerkskammer nach Betrieben erkundigen, die Dachdecker ausbilden. Im Internet hilft oft der Blick in den Ausbildungsplatz-Informationsservice der Arbeitsagentur unter *www.arbeitsagentur.de*. Oder Sie suchen in den gelben Seiten Ihrer Region nach Betrieben aus dem Baugewerbe und fragen dort nach Ausbildungsplätzen.

Ein Beruf für HauptschülerInnen?

48,6 % der angehenden Elektroniker/-innen haben die Hauptschule mit oder ohne Abschluss verlassen. In keinem anderen Ausbildungsberuf, der sich mit Elektrotechnik/Elektronik beschäftigt, gibt es einen ähnlich hohen Hauptschüleranteil.

Was machen ElektronikerInnen?

Zusammengefasst lässt sich das breite Aufgabenspektrum der Elektroniker wie folgt beschreiben: Sie sind in der Einrichtung und im Service von elektrischen Anlagen der Energie-, Gebäude-, Infrastruktur-, Automatisierungs-, Informations- und Kommunikationstechnik zu Hause. Dieser Ausbildungsberuf mit drei Fachrichtungen deckt alle Arten von elektrischen Anlagen ab – von der Energie- bis zur Datentechnik. Elektroniker beraten und betreuen Kunden, planen elektrische Anlagen und führen selbstverständlich auch Serviceleistungen durch. Eine der häufig vorkommenden Aufgaben eines Elektronikers ist der Einbau, die Inbetriebnahme und die Reparatur von elektrischen Anlagen bzw. deren Einzelkomponenten. Dabei gehören alle Tätigkeiten von der Planung bis zur Inbetriebnahme in seine Zuständigkeit: Stromkreise aufteilen, Leitungsquerschnitte und Sicherungen berechnen, Leitungswege ins Mauerwerk fräsen, Leitungen verlegen und Steckdosen setzen, Heizungs-, Belüftungs- und Klimaanlagen anschließen: Kurz gesagt – (fast) alles, was zwischen Plus und Minus geschieht, ist Angelegenheit eines Elektronikers. Dazu zählen auch Reparaturarbeiten an elektrischen Geräten und Maschinen des Haushaltes – wie etwa Koch-

Anteil der Hauptschüler

48,6 %

Verteilung nach Geschlecht

♂	♀
99,3 %	0,7 %

Ausbildungsvergütung in Euro

	alte Länder	neue Länder
1. Jahr	439	350
2. Jahr	480	396
3. Jahr	535	428
4. Jahr	585	456

herden, Kühlschränken oder Waschmaschinen. Selbstverständlich verfügen sie
über eine verstärkte IT-Kompetenz.

Besonders wichtig ist die „Erste Hilfe"
des Elektronikers bei Störungen oder gar
Kurzschlüssen im Haushalt. In solchen Fällen kann nur er wirklich helfen – wer nämlich auf das Prinzip „Selbst ist der
Mensch" setzt, für den könnten versengte
Fingerkuppen noch das harmloseste Ergebnis sein.

In der Fachrichtung **„Energie- und Gebäudetechnik"** liegt der Schwerpunkt der
Tätigkeit in Installation von Beleuchtungs-
anlagen, Antrieben, Schalt-, Steuer- und
Regelungseinrichtungen sowie von Ener-
gieversorgungsanlagen bzw. Ersatzstrom-
versorgungsanlagen. Zu ihrem Handwerk
gehört ebenfalls der Anschluss von End-
geräten der Telekommunikation.

Zur Fachrichtung **„Automatisierungstechnik"** zählt beispielsweise die Installation
von Sensoren, Maschinen- und Prozess-
steuerungen sowie von hydraulischen oder
elektrischen Anschlüssen.

Elektroniker der Fachrichtung **„Informa-
tions- und Telekommunikationstechnik"**
installieren in erster Linie Datennetze, Brand-
und Einbruchmeldeanlagen und Videoüber-
wachungssysteme. Die Installation bzw.
Konfigurierung von Software gehört selbstverständlich auch dazu.

Dauer und Verlauf der Ausbildung:

Die Ausbildung dauert dreieinhalb Jahre
mit Spezialisierung in einer der drei Fachrichtungen:
• Energie- und Gebäudetechnik
• Automatisierungstechnik
• Informations- und Telekommunikationstechnik

Was sollten Lehrlinge in diesem Beruf mitbringen?

Blaue, schwarze, braune, rote und – ach ja
– gelb-grün-gestreifte Kabel mit verschiedenen Durchmessern laufen in einem großen Kasten zusammen. Das ist keine Situation aus einem TV-Krimi, in dem eine
Bombe entschärft wird, sondern ein An-
blick, der zum Berufsalltag des Elektronikers gehört. Konzentration und Verantwortungsbewusstsein sind gefragt, um die
Zugänge und Abgänge der Kabel zu sortie-
ren – dazu gehören ein gewisses Abstrak-
tionsvermögen und die Fähigkeit, Schalt-
pläne zu lesen und zu entwerfen.

Geschicklichkeit braucht der Elektroniker, wenn er verschiedene Drähte in Klem-
men presst.

Ganz wichtig ist schließlich eine Neigung
im Umgang mit Informationstechnik, auch
wenn man nicht unbedingt PC-Freak sein
muss. Schwindelfreiheit sollte auch gege-
ben sein, denn häufig muss auf Leitern
oder Dächern gearbeitet werden.

Zukunftschancen

In Haushalt, Gewerbe und Industrie werden
immer mehr „vernetzte" Geräte eingebaut

und angeschlossen, deren Grundfunktionen dem Elektroniker bekannt sein müssen. Das Angebot an Lehrgängen für diese Profis ist daher vielfältig. Je nach beruflichem Einsatz(-wunsch) kommen aber auch Kurse über Kalkulation und Kostenrechnung im Handwerk infrage.

Mit einigen Jahren Berufserfahrung können Elektroniker in verantwortungsvolle Positionen aufsteigen, so zum Beispiel zum Werkstatt- oder Projektleiter.

Eine andere Form der Fortbildung ist der Besuch der Technikerschule. Dafür müssen in der Regel nochmals zwei Jahre Vollzeitunterricht oder – wenn die Schulbank berufsbegleitend „gedrückt" wird – vier Jahre Teilzeitunterricht eingeplant werden. Dann aber winkt bei bestandener Prüfung der Titel „Staatlich geprüfter Techniker der Fachrichtung Elektrotechnik". Wer sich als Handwerker selbstständig machen möchte, kann schon direkt nach der Ausbildung einen Meisterlehrgang belegen und die Prüfung ablegen. Altgesellen können sich nach sechs Berufsjahren (davon vier in leitender Funktion) selbstständig machen, wenn sie auch die entsprechenden betriebswirtschaftlichen Kenntnisse nachweisen können.

Ausbildungsplatzsuche

Sie können sich bei der örtlichen Handwerkskammer oder der Innung nach Ausbildungsbetrieben erkundigen. Im Internet hilft oft der Blick in den Ausbildungsplatz-Informationsservice der Arbeitsagentur unter *www.arbeitsagentur.de.* Oder Sie suchen in den gelben Seiten Ihrer Region nach Betrieben der Branche und fragen dort nach Lehrstellen.

Fachkraft für Brief- und Frachtverkehr

 NEU

Am 1.8.2005 soll dieser Ausbildungsberuf aktualisiert und umbenannt werden:

Fachkraft für Kurier-, Express- und Postdienstleistungen

Er wird damit an den Bedarf auch anderer Dienste angepasst, als sie die Deutsche Post AG anbietet.

Anteil der Hauptschüler

45,3 %

Verteilung nach Geschlecht

61,5 %	38,5 %

Ausbildungsvergütung in Euro

	alte Länder	neue Länder
1. Jahr	633	633
2. Jahr	682	682

Ein Beruf für HauptschülerInnen?
45,3 Prozent der angehenden Fachkräfte für Brief- und Frachtverkehr haben die Hauptschule (mit oder ohne Abschluss) besucht.

Was machen Fachkräfte für Brief- und Frachtverkehr?
Im Großunternehmen Deutsche Post AG sind sie die Allrounder, die vielen, vielen Fachkräfte für Brief- und Frachtverkehr. Ohne sie liefe der Betrieb nicht rund. Ihr Haupteinsatzbereich ist die Zustellung von Briefen, Paketen, Express- und Kuriersendungen, oft mit Einsatz von Kraftfahrzeugen oder den allseits bekannten Zustellwagen. In dieser Funktion sind sie ein wichtiges Bindeglied zwischen dem Unternehmen Deutsche Post AG und seinen Kunden. Außerdem arbeiten sie im innerbetrieblichen Transport, in der Eingangsbearbeitung, im Sortierdienst und bei der Annahme und Ausgabe von Frachtpostsendungen.

Sie beraten Kunden über das Dienstleistungsangebot sowie Einlieferungsmöglichkeiten, dies selbstverständlich unter Beachtung der umfassenden betrieblichen Vorschriften. Wer weiß schon aus dem Kopf, ob man Wurstkonserven, Wein oder DVDs nach Äthiopien verschicken darf. Dabei beachten sie die Zollbestimmungen, die Regelungen des Datenschutzes und die betriebsspezifischen Geheimhaltungsregeln. Sie nehmen Brief-, Fracht- sowie Kurierpostsendungen an und berechnen die Entgelte, sammeln eingelieferte

Sendungen ein (Briefkastenleerung), führen Versorgungsfahrten zu und zwischen den Brief- und Frachtzentren durch, bereiten Sendungen für den Transport vor, wenden Leitsysteme und Leitbehelfe dafür an und führen logistische Konzepte bei Umschlagaufgaben aus. Wenn Empfänger nicht zu Hause angetroffen werden, müssen ihnen die Sendungen im Postamt ausgehändigt werden. Und wenn mal was nicht in Ordnung sein sollte, dann nehmen sie Reklamationen entgegen und suchen nach Lösungen, die den Kunden zufrieden stellen. Nach Beendigung der Zustellung ist keinesfalls Feierabend, nein, dann beginnt der innerbetriebliche Teil der Arbeit. Die Belege werden sortiert und zur Kontrolle aufgearbeitet, außerdem werden Abrechnungen gefertigt. Eingehende Sendungen werden sortiert, bearbeitet, und es werden Nachgebühren berechnet. In der Zustellung werden die Kunden auch über ausgewählte Bankdienstleistungen in den Bereichen Girodienst und Spareinlagen beraten, denn oftmals ist der Weg zum nächsten Postamt doch recht weit.

Dauer und Verlauf der Ausbildung

Die Ausbildung dauert zwei Jahre. Danach ist eine zweite Stufe mit dem Abschluss Postverkehrskaufmann nach dem dritten Ausbildungsjahr möglich. Allerdings ist Zahl der Ausbildungsplätze hier sehr gering (weniger als 10 % der ersten Stufe). Auch dieser dreijährige Beruf wird runderneuert und heißt dann: Kaufmann/-frau für Kurier-, Express- und Postdienstleistungen.

Was sollten Azubis in diesem Beruf mitbringen?

Selbstständige, sorgfältige und zuverlässige Arbeitsweise ist ebenso wichtig wie ein gutes Gedächtnis und natürlich auch gute Umgangsformen. Bei den vielfältigen Arbeitsgebieten und Arbeitsabläufen muss man in der Lage sein, sich auf wechselnde Aufgaben einzustellen, manchmal von einer Stunde zur anderen. Und vor allen Dingen muss man gut zu Fuß und bei Kräften sein, auch beim Treppensteigen mit der Zustelltasche oder mit Paketen.

Zukunftschancen

Trotz allen elektronischen Nachrichtenverkehrs ist der Brief nicht ausgestorben: Dokumente müssen sicher zugestellt werden, persönliche Mitteilungen sollen den Empfänger erreichen. Auch innerhalb eines Großunternehmens gibt es vielfältige Möglichkeiten der Spezialisierung und des Fortkommens. Nicht einzuschätzen ist die Entwicklung anderer privater Post-, Kurier- und Paketdienste, die ebenfalls Beschäftigungsmöglichkeiten bieten und bei weiterer Expansion über eine eigene Ausbildung nachdenken werden.

Ausbildungsplatzsuche

Größter – und regional weitgehend einziger – Ausbildungsbetrieb ist die Deutsche Post AG. Erkundigen Sie sich dort rechtzeitig, wann die Bewerbungsfristen sind. Es lohnt aber sicher auch, sich an andere Dienste zu wenden – schon mancher Ausbildungsplatz ist erst auf Initiative von Bewerbern eingerichtet worden.

NEU

Anteil der Hauptschüler

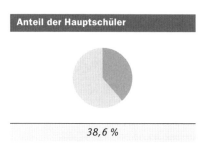

38,6 %

Verteilung nach Geschlecht

♂	♀
87,9 %	12,1 %

Ausbildungsvergütung in Euro		
	alte Länder	neue Länder
1. Jahr	634	568
2. Jahr	684	618
3. Jahr	748	677

Ein Beruf für HauptschülerInnen?

Dieser neue Beruf trat erst am 1. August 2004 in Kraft. Der Anteil von Hauptschülern an dem Vorgängerberuf „Fachkraft für Lagertechnik" lag bei rund 38,6 Prozent. Es ist deshalb davon auszugehen, dass Hauptschüler auch in diesem Beruf stark vertreten sein werden. Wer sich diesen dreijährigen Ausbildungsberuf noch nicht zutraut, aber eine berufliche Tätigkeit auf dem Gebiet des Lager- und Transportwesens anstrebt, der sollte sich für den Beruf des Fachlageristen interessieren (Seite 33). Wer diesen Beruf nach zweijähriger Ausbildung erfolgreich absolviert hat, kann eventuell seine Ausbildung im dritten Jahr in diesem Beruf fortsetzen.

Was machen Fachkräfte für Lagerlogistik?

Ob Schokoladeneier, Teppiche oder Fernsehgeräte: Fachkräfte für Lagerlogistik sind für die Ein- und Auslagerung aller Produkte zuständig, die Logistikunternehmen, der Groß- und Einzelhandel und Industriebetriebe auf dem Weg zum Kunden zwischenlagern müssen. Zu den weiteren Aufgaben der Lenker der Güterströme gehört die Annahme der Waren, das Kommissionieren (Zusammenstellen von Bestellungen gemäß Kundenwunsch), das Verpacken und der Versand.

Wenn Waren per LKW ankommen, muss zunächst geprüft werden, ob die Produktangaben auf den Begleitpapieren mit der Bestellung übereinstimmen, in der Regel geschieht dies durch Abfrage im betrieblichen Informations- und Kommunikationssystem. Wenn die anforderungsgerechte Lagerung der Waren geklärt ist, (für die Schokoladeneier etwa geht es Richtung Kühlraum), müssen die Daten des Vorganges elektronisch eingegeben werden: Genaue Angaben zum Aufbewahrungsort, wie die Bezeichnungen der entsprechenden Regale oder der notwendige Platzbedarf, gehören dazu. Auch die Daten des Spediteurs werden notiert.

Eine Fachkraft für Lagerlogistik muss nicht nur wissen, wie man ein Gut lagert, sondern auch wann, wo und wie Güter zum Lagern geliefert oder abgeholt werden. Die Art der Produkte, mit der die Fachkraft zu tun hat, erfordert eine individuelle Handhabung: Käse hat andere Lageransprüche als Edelmetalle oder Feuerwerkskörper und natürlich alles nach wirtschaftlichen Grundsätzen unter Beachtung der Lagerordnung.

Der Umgang mit Transportgeräten gehört je nach Art des Lagers selbstverständlich auch zur Ausbildung.

Die Lager- und Logistikprofis müssen ständig mit vorausgehenden und nachfolgenden Funktionsbereichen innerhalb und außerhalb des Betriebes kommunizieren, deshalb sind in diesem Beruf Team- und Kundenorientierung gefragt.

Dauer und Verlauf der Ausbildung:
Die Ausbildung dauert drei Jahre.

Was sollten Azubis in diesem Beruf mitbringen?
In der Transportkette von Gütern, die gelagert werden sollen, kann es hin und wieder zu Verzögerungen kommen: Schiffe, Flugzeuge und Züge aus aller Welt erreichen ihr Ziel nicht immer nach Plan. Da ist das Organisationstalent der Fachkräfte gefragt, denn wenns darauf ankommt, muss auf die Schnelle ein Transport organisiert werden oder die Helfer im Lager müssen alle anderen Arbeiten zurückstellen, um eine Ladung zu verpacken, zu signieren, zu beschriften und zu verladen.

Wenn Güter eilig und geschickt zum LKW gebracht werden müssen, packen Fachkräfte für Lagerlogistik schon mal selbst kräftig mit an – eine gewisse körperliche Robustheit ist also durchaus von Vorteil.

Zukunftschancen
Fachkräfte für Lagerlogistik können sich auf den Wareneingang, die Qualitätskontrolle, die Kommissionierbereiche, die Warenmanipulation und vieles andere mehr spezialisieren. Betriebsintern haben qualifizierte und engagierte Fachkräfte die Möglichkeit, zum Abteilungsleiter, Lade- oder Hallenmeister, Gruppenleiter oder Vorarbeiter aufzusteigen.

Ausbildungsplatzsuche
Sie können sich bei der örtlichen Industrie- und Handelskammer nach Betrieben erkundigen, die Fachkräfte für Lagerlosgistik ausbilden. Im Internet hilft oft der Blick in den Ausbildungsplatz-Informationsservice der Arbeitsagentur unter *www.arbeitsagentur.de*. Oder Sie suchen in den gelben Seiten Ihrer Region nach entsprechenden Betrieben und fragen dort nach Ausbildungsplätzen.

Fachkraft im Gastgewerbe

Ein Beruf für HauptschülerInnen?

53,8 Prozent der angehenden Fachkräfte im Gastgewerbe haben die Hauptschule (mit oder ohne Abschluss) besucht. Eine Ausbildung zum Fachverkäufer im Nahrungsmittelhandwerk kommt für diejenigen infrage (71,4 Prozent Hauptschüleranteil, s. Seite 35), die zwar auch gerne im „Service" arbeiten möchten, dies jedoch lieber im täglichen Umgang mit Lebensmitteln.

Was machen Fachkräfte im Gastgewerbe?

Ob im Restaurant-Service, am Büfett, in der Küche, im Empfang, im Zimmerdienst oder auch im Büro: Fachkräfte im Gastgewerbe sind die Heinzelmännchen des Hotel- und Gaststättenbetriebes, dem Gast stets zu Diensten.

Ihr Service beginnt schon beim Empfang: Fachkräfte im Gastgewerbe weisen Zimmer zu, erteilen Auskünfte – und legen somit den Grundstein für einen angenehmen Aufenthalt. Hat der Gast sein Zimmer für gut befunden, so lässt er sich anschließend vielleicht gerne von einer Fachkraft am Büfett mit einem Erfrischungsgetränk verwöhnen.

Auch im Restaurantbetrieb gibt es für Fachkräfte im Gastgewerbe genug und interessantes zu tun: Die Speiseräume sind ansprechend herzurichten, die Gäste werden bedient, als „Kellner" geben sie Tipps bei der Speisen- und Getränkeauswahl und nach dem Essen erstellen sie die Rechnung. Und wenn der Service gestimmt hat, wird auch meistens ein Trinkgeld gewährt.

Anteil der Hauptschüler

53,8 %

Verteilung nach Geschlecht

♂	♀
28 %	72 %

Ausbildungsvergütung in Euro		
	alte Länder	neue Länder
1. Jahr	495	358
2. Jahr	561	431

Die emsige Arbeit der Fachkräfte, die mehr hinter den Kulissen zu erledigen ist, bekommen die Gäste kaum mit: Als Zimmerpersonal kümmern sie sich um die Sauberkeit der Räume, als Beschließer sind sie für die Wäscheausgabe und -kontrolle zuständig. In der Küche schließlich helfen Fachkräfte im Gastgewerbe beim Garnieren von kalten Platten, mischen Salate und richten das Frühstücksbüfett.

Dauer und Verlauf der Ausbildung:
Die Ausbildung dauert zwei Jahre.

Was sollten Azubis in diesem Beruf mitbringen?
Bitte recht freundlich – das gilt ganz besonders für die Arbeit im Hotel- und Gaststättengewerbe. Denn nur zufriedene Gäste kommen auch wieder. Das erfordert vor allem Kontaktsicherheit und Einfühlungsvermögen im Umgang mit den Gästen und ein gutes sprachliches Ausdrucksvermögen – je nach Internationalität des Betriebes auch in einer fremden Sprache, was nicht unbedingt immer perfekt sein muss. Selbstbeherrschung wird groß geschrieben im Gastgewerbe, selbst dann, wenn Beschwerden oder Launen der Gäste als ungerechtfertigt erscheinen. Und noch was ist besonders wichtig: Auch wenn es hoch her geht, darf der Überblick nicht verloren gehen, man muss sich selbst und die Arbeitsabläufe gut organisieren können und sollte auch Kopfrechnen können. Der Betrieb muss in dieser Branche ständig laufen: Schichtdienst ist die Regel. Nur wer körperlich gesund und belastbar ist, wird sich in diesem Beruf wohlfühlen, denn meistens ist man den ganzen Tag auf den Beinen.

Praxisbeispiel
Anika Faulstich

Ungeduldige Blicke, die „Wo bleibt meine Bestellung?" fragen, kennt Anika Faulstich nur zu gut. Die Gäste sind sich selbst – und ihrem Appetit – die Nächsten, darum kann es auch mal hektisch zugehen. Mittlerweile hat die Auszubildende zur Fachkraft im Gastgewerbe aber gelernt, dass ihr in Stoßzeiten immer die Kollegen, also ausgelernte Fachkräfte, zur Seite springen. Darum gibt es selten richtigen Ärger.

Anika Faulstich hat ihren Lehrvertrag beim HOGA (= Hotel- und Gaststätten)-Ausbildungsverbund des Erfurter Gastro Berufsbildungswerkes abgeschlossen. Als Besonderheit des Verbundes wechselt der Fachkräftenachwuchs in viertel- bis halbjährlichen Abständen den Ausbildungsbetrieb – und natürlich auch die jeweiligen Aufgabenschwerpunkte. Zur Zeit arbeitet Anika noch „auf der Etage", das meint in der Beherbergung von Hotelgästen. Dabei stehen Aufgaben an, ohne die sich kein Gast richtig wohlfühlen könnte: Flure und Zimmer müssen gereinigt, Betten gemacht und Staub gesaugt bzw. gewischt werden. Auch der Pool und die Sauna müssen gereinigt werden. „Vor einem Jahr war ich im Service-Bereich", blickt Anika zurück. „Da stand das Aufnehmen von Bestellungen und das Bedienen der Gäste im Mittelpunkt. Demnächst heißt es entweder wieder ‚Service' oder aber ‚Küche', das weiß ich noch nicht so genau. Wenn ich in der Küche eingesetzt werde, werde ich Gemüse putzen, aber auch schon verantwortungsvollere Aufgaben übernehmen, etwa das Anrichten von Salaten oder Kalten Platten."

„Kellner – da schwimmt ein Haar in der Suppe..." – das sollte ein Witz bleiben: Auf Sauberkeit ist nämlich jede Fachkraft bedacht, alles andere wäre schlecht fürs Geschäft.

Wer nicht vernünftig mit Alkohol umgehen kann, sollte diesen Beruf nicht wählen.

Zukunftschancen

Wer seine Allround-Ausbildung erfolgreich absolviert hat, hat gerade in größeren Betrieben hervorragende Möglichkeiten sich zu spezialisieren: auf den Service im Restaurant, auf den Einsatz beim Empfang oder auf der Etage, auf Arbeiten in der Küche oder am Büfett, im Büro oder im Magazin.

Wen der Ehrgeiz packt, beruflich aufzusteigen, kann den Abschluss zum Restaurantfachmann, Hotelfachmann, Hotelkaufmann oder Fachmann für Systemgastronomie ansteuern.

Fachkräfte mit Berufserfahrung besuchen oft Hotelfachschulen, um sich zum „Staatlich geprüften Betriebswirt der Fachrichtung Hotel- und Gaststättengewerbe" weiterzubilden. Das ist keine Theorie, denn gerade in der Hotel- und Gaststättenbranche gibt es tolle Aufstiegsmöglichkeiten.

Ausbildungsplatzsuche

Sie können sich bei der örtlichen Industrie- und Handelskammer nach Betrieben erkundigen, die Fachkräfte im Gastgewerbe ausbilden. Im Internet hilft oft der Blick in den Ausbildungsplatz-Informationsservice der Arbeitsagentur unter *www.arbeitsagentur.de*. Oder Sie suchen in den gelben Seiten Ihrer Region nach Hotels und Gaststätten und fragen dort nach Ausbildungsplätzen.

NEU

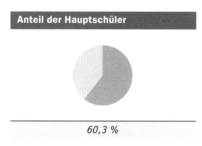

Anteil der Hauptschüler

60,3 %

Verteilung nach Geschlecht

♂	♀
91,6 %	8,4 %

Ausbildungsvergütung in Euro

	alte Länder	neue Länder
1. Jahr	601	540
2. Jahr	669	600

Ein Beruf für HauptschülerInnen?

Etwa 60,3 % der Auszubildenden im früheren Ausbildungsberuf Handelsfachpacker haben die Hauptschule (mit oder ohne Abschluss) besucht. Dieser heißt nicht nur ab dem 1. August 2004 anders – nämlich Fachlagerist –, er wurde auch grundlegend modernisiert und damit den veränderten Arbeitsbedingungen in der Lagerwirtschaft angepasst. Wer sich mehr zutraut als eine zweijährige Berufsausbildung, sollte auch auf Seite 28 nachlesen, was es mit dem ebenfalls überarbeiteten Beruf der Fachkraft für Lagerlogistik auf sich hat. Ggf. kann die Entscheidung für diesen anderen Beruf auch noch später gefällt werden, da eine Anrechnung der Ausbildungszeit möglich ist.

Was machen FachlageristInnen?

Lastwagenweise treffen Tag für Tag Waren aller Art in Kaufhäusern, Großhandelsunternehmen oder Logistikzentren ein. Der Erste, der sich sachkundig um sie kümmert, ist der Fachlagerist. Zunächst prüft er die eingehenden Artikel anhand der Begleitpapiere sorgfältig auf Menge und Zustand. Wenn es etwas zu beanstanden gibt, muss er sofort reklamieren. Ist alles in Ordnung, kann er die Ware sachgerecht einlagern. Transportgeräte helfen ihm dabei, schwere Güter in Regale zu stapeln. In Computerdateien hält der Fachlagerist fest, was er auf Lager hat, damit er bei Anfragen jederzeit über den Bestand Auskunft geben und Angefordertes wiederfinden kann.

Ausgehende Waren stellt er zusammen – man nennt das „Kommissionieren" –, ggf. verpackt er sie in Kisten oder Kartons, damit sie beim Transport nicht beschädigt werden. Zu jedem Warenausgang müssen Begleitpapiere ausgestellt werden. Beim Verschließen und Verschnüren helfen verschiedene Apparate und Geräte.

Dauer und Verlauf der Ausbildung:

Die Ausbildung dauert zwei Jahre und endet mit einer Abschlussprüfung vor der Industrie- und Handelskammer.

Was sollten Azubis in diesem Beruf mitbringen?

„Ordnung muss sein" – wer diese Einstellung als Lebensmotto hat, erfüllt die wichtigste Eigenschaft eines guten Fachlageristen. Ohne Sorgfalt beim Prüfen eingehender Waren ebenso wie beim Kommissionieren und Verpacken können dem Betrieb erhebliche finanzielle Einbußen entstehen: sei es, weil die Papiere nicht stimmen, weil Kunden schlecht verpackte Bestellungen als „Bruch" geliefert bekommen oder weil dringend benötigte Waren unvollständig sind. Sollte es trotz umsichtiger Arbeitsweise einmal zu Reklamationen kommen, sind Geduld und Freundlichkeit gefragt – und natürlich Kenntnisse über die Waren, um dem Auftraggeber mit Rat und Auskunft behilflich sein zu können.

Aber nicht nur der Umgang mit dem Kunden will gelernt sein. Als Vorarbeiter hat der Fachlagerist die Leitung über Packer und Transportarbeiter – und dabei nutzen Fachkenntnisse allein nicht viel, hier sind in erster Linie Führungs- und Teamqualitäten gefragt.

Zukunftschancen

Fachlageristen haben eine Reihe von Möglichkeiten, sich über Lehrgänge weiterzubilden. Je nach Interesse können sie Kurse über Versandlogistik, Lager- und Transportplanung, EDV oder Arbeitssicherheit belegen. Auch Themen im Bereich des Finanz- und Rechnungswesens und der Kalkulation kommen infrage.

Eine Fortführung der Ausbildung durch ein drittes Ausbildungsjahr zur Fachkraft für Lagerlogistik ist auf Antrag möglich.

Wer noch anspruchsvollere Positionen anstrebt, kann nach entsprechender Berufspraxis in Voll- oder Teilzeitunterricht eine Fortbildung zum Meister für Lagerwirtschaft oder zum Fachkaufmann für Vorratswirtschaft absolvieren.

Ausbildungsplatzsuche

Sie können sich bei der örtlichen Industrie- und Handelskammer nach Betrieben erkundigen, die Fachlageristen ausbilden. Im Internet hilft oft der Blick in den Ausbildungsplatz-Informationsservice der Arbeitsagentur unter *www.arbeitsagentur. de.* Oder Sie suchen in den gelben Seiten Ihrer Region nach Betrieben, etwa Kaufhäusern, Logistikzentren oder Großhandelsbetrieben, und fragen dort nach Ausbildungsplätzen. Auch Lager und Versandabteilungen der Industrie können Fachlageristen gut gebrauchen, ebenso wie größere Handwerksbetriebe wie etwa Kfz-Vertragswerkstätten.

Fachverkäufer im Nahrungsmittelhandwerk

Fachverkäuferin im Nahrungsmittelhandwerk

Ein Beruf für HauptschülerInnen?

71,4 Prozent der angehenden Fachverkäufer im Nahrungsmittelhandwerk haben die Hauptschule (mit oder ohne Abschluss) besucht. Wer gern im Lebensmittelhandwerk arbeiten möchte, für den kommen auch die Berufe Fleischer und Bäcker infrage. Hier sind Hauptschüler mit 74,1 % bzw. 73,9 % vertreten. Gestalterisches Fingerspitzengefühl ist in einem anderen Beruf gefragt: 60,3 % der Konditoren haben (mit oder ohne Abschluss) eine Hauptschule besucht. Wen es dagegen eher zum Umgang mit Kunden zieht, der kann auch Verkäufer (Seite 104) oder Kaufmann im Einzelhandel (Seite 64) werden.

Anteil der Hauptschüler

71,4 %

Verteilung nach Geschlecht

♂	♀
5,2 %	94,8 %

Ausbildungsvergütung in Euro		
	alte Länder	neue Länder
1. Jahr	390	303
2. Jahr	448	339
3. Jahr	556	387

Was machen FachverkäuferInnen im Nahrungsmittelhandwerk?

Wie schon aus der Berufsbezeichnung ersichtlich, besteht die Hauptaufgabe im Verkaufen und natürlich in der Beratung. Die Ausbildung findet in Bäckereien, Konditoreien oder in Fleischereien statt.

Die Tätigkeit der Spezialisten im Verkauf von Nahrungsmitteln geht über das Abwiegen und Verkaufen von Wurst- bzw. Backwaren bei weitem hinaus. Die Fachverkäufer sorgen für die sachgemäße Lagerung von Lebensmitteln. Sie erstellen Preisschilder, Preis- oder Werbeplakate. Zudem richten sie die Waren für den Verkauf her, sorgen also für die angemessene Präsentation ihres Sortimentes in Theke, Laden und Schaufenster.

Die Verkaufsspezialisten verpacken Lebensmittel für den Transport – eine Aufgabe, die bei leicht verderblicher Ware

Fingerspitzengefühl erfordert. Die Kreativität ist gefragt, wenn dekorative, festliche Geschenkverpackungen (z.B. Präsentkörbe) hergestellt werden müssen. Oder, wenn ein Kunde ein Büfett mit Platten für dreißig Personen bestellt. Wird hier eine lieblose Reihung von Wurstprodukten geliefert, erscheint ein Kunde sobald nicht wieder. Denn bei allen Präsentations- und Dekorationstätigkeiten der Fachverkäufer im Nahrungsmittelhandwerk gilt: Das Auge isst mit!

Dauer und Verlauf der Ausbildung:

Die Dauer der Ausbildung beträgt drei Jahre.

Was sollten Lehrlinge in diesem Beruf mitbringen?

Für den Umgang mit Kunden, die sich vor dem Kauf von Lebensmitteln gern beraten lassen, ist Kommunikationsgeschick unabdingbar. Eine gute allgemeine Auffassungsgabe und Lernfähigkeit, sowie ein Händchen für praktische Tätigkeiten (z.B. Garnieren von Platten) sind ebenfalls erforderlich. Die Arbeit unter Zeitdruck, besonders im Bedienungs- und Kassenbereich, gehört zum Berufsalltag. Ein gutes Personen- und Zahlengedächtnis müssen angehende Fachverkäufer im Nahrungsmittelhandwerk ebenfalls entwickeln. Auch die Bereitschaft zur Arbeit außerhalb normaler Büroarbeitszeiten muss vorhanden sein – Bäckereien öffnen häufig frühmorgens und haben ggf. auch an Sonntagen einige Stunden geöffnet.

Zukunftschancen

Fachverkäufer können bis zur Filialleitung aufsteigen, wenn sie genügend Berufserfahrung und Fachwissen gesammelt haben. Durch eine breite Palette von Lehrgängen und Fortbildungsveranstaltungen, angeboten von Handwerkskammern oder Schulen, können Fachverkäufer ihr Wissen vertiefen: So gibt es etwa im Bereich Handel die Weiterbildung zum Handelsassistenten, im Bereich Verkaufskunde zum Verkaufsleiter oder Fachberater. Ob Kundenbetreuung, Reklamationswesen, Buchführung im Einzelhandel, Werbung und Verkaufsförderung, – für alle Interessensgebiete gibt es Weiterbildungsangebote.

Fachverkäufern im Nahrungsmittelhandwerk, die Berufserfahrung gesammelt haben, stehen noch weitere Möglichkeiten offen: Sie können sich z.B. durch den Besuch einer Fachschule zum Handelsfachwirt, zum Handelsbetriebswirt oder zum Fachkaufmann weiterbilden.

Ausbildungsplatzsuche

Sie können sich bei der örtlichen Handwerkskammer, der Bäcker-, Konditor- oder Fleischerinnung nach Betrieben erkundigen, die Fachverkäufer im Nahrungsmittelhandwerk ausbilden. Im Internet hilft oft der Blick in den Ausbildungsplatz-Informations-Service der Arbeitsagentur unter *www.arbeitsagentur.de*. Oder Sie suchen in den gelben Seiten Ihrer Region je nach dem von Ihnen bevorzugten Ausbildungsschwerpunkt entweder nach Bäckerei- oder Konditorbetrieben, oder nach Fleischereibetrieben und fragen dort nach Ausbildungsplätzen.

Ein Beruf für HauptschülerInnen?

Etwas mehr als die Hälfte der neu eingestellten Feinwerkmechaniker/-innen hat die Hauptschule mit oder ohne Abschluss absolviert.

Weitere Metallberufe mit hohem Hauptschüleranteil werden in diesem Band auf Seite 73 (Konstruktionsmechaniker), Seite 88 (Metallbauer) und Seite 107 (Zerspanungsmechaniker) vorgestellt.

Anteil der Hauptschüler

52,4 %

Was machen Feinwerkmechaniker-Innen?

Es wird schon aus der Berufsbezeichnung recht deutlich: Feinwerkmechaniker sind Fachleute der Feinmechanik des Werkzeug- und Maschinenbaus. Ihre Devise lautet: Präzision und Selbstständigkeit im Arbeiten, von der Planung bis zur Bewertung der Arbeitsergebnisse und Qualitätssicherung. Die Vorgaben der Zeichnungen müssen exakt, teilweise auf den millionsten Teil genau umgesetzt werden. Sie fertigen Spezialwerkzeuge, z.B. zum Schneiden oder Stanzen, für Produktionsmaschinen. Zum Aufgabenspektrum gehört ebenso die Fertigung von Bauteilen für Maschinen und feinmechanische Geräte und deren Montage einschließlich der dazu gehörenden elektronischen Mess- und Regelkomponenten. Sie arbeiten häufig an computergesteuerten Werkzeugmaschinen, deren Programm sie oft selbst erstellten oder optimieren (z.B. zum Drehen, Fräsen, Bohren, Schleifen), es kommt zwar nur noch selten vor, doch manchmal ist auch noch die gute alte Handarbeit gefragt. Fertige Maschi-

Verteilung nach Geschlecht

97,9 %	2,1 %

Ausbildungsvergütung in Euro

	alte Länder	neue Länder
1. Jahr	451	327
2. Jahr	493	372
3. Jahr	556	418
4. Jahr	609	462

nen und Geräte müssen nach der Montage eingestellt und auf ihre Funktionsfähigkeit hin getestet werden, manchmal auch beim Kunden. Selbstverständlich gehören auch Wartungs- und Reparaturarbeiten zum Aufgabenkatalog dieser Profis in Sachen Feinmechanik.

Dauer und Verlauf der Ausbildung:

Die Ausbildung dauert dreieinhalb Jahre. Sie erfolgt nach dem zweiten Ausbildungsjahr in einem der drei Schwerpunkte: Maschinenbau, Feinmechanik oder Werkzeugbau. Die Zuordnung ist abhängig von der Branche bzw. Produktorientierung des Betriebes.

Was sollten Azubis in diesem Beruf mitbringen?

Wer modernste Technik mit handwerklichem Geschick verbinden möchte, der ist in diesem Beruf gut aufgehoben. Technisches Verständnis, räumliches Vorstellungsvermögen sind wichtig, um Zeichnungen, Normen und andere technische Vorgaben lesen und verstehen zu können. Dank moderner Maschinen ist die Arbeit heute nicht mehr so anstrengend wie früher, aber eine robuste Gesundheit ist auch für diesen Beruf von Vorteil, denn schwere Lasten zu heben oder zu tragen bleibt in dieser Tätigkeit einfach nicht aus. Für FeinmechanikerInnen aller Schwerpunkte gilt: Für Montage und Instandhaltungen brauchen sie Hand- und Fingergeschick.

Zukunftschancen

Beschäftigungsmöglichkeiten ergeben sich für FeinwerkmechanikerInnen in erster Linie im Werkzeug-, Formen- und Maschinenbau, aber auch in Betrieben der Elektrotechnik. Um auf dem Karriereweg voran zu kommen, bieten sich sehr vielfältige Möglichkeiten, dies branchen- und produktbezogen oder auf dem der klassischen Weg, d.h. eine Weiterbildung zum Meister bzw. der Besuch einer Fachschule für Techniker mit dem Abschluss als „Staatlich geprüfter Techniker".

Ausbildungsplatzsuche

Sie können sich bei der örtlichen Handwerkskammer nach Ausbildungsbetrieben erkundigen. Im Internet hilft oft der Blick in den Ausbildungsplatz-Informationsservice der Arbeitsagentur unter *www.arbeitsagentur.de.* Oder Sie suchen in den gelben Seiten Ihrer Region nach Betrieben aus der Metallindustrie und fragen dort nach Ausbildungsplätzen.

Ein Beruf für HauptschülerInnen?

46,4 Prozent der angehenden Fertigungsmechaniker haben die Hauptschule (mit
oder ohne Abschluss) besucht.

Was machen Fertigungsmechaniker-Innen?

Fertigungsmechaniker sind vor allem in
der Montage industrieller Serienerzeug-
nisse tätig. Anhand von Montage- und War-
tungsplänen, Konstruktionszeichnungen
und Verfahrensanweisungen montieren
sie Bauteile zu Baugruppen und diese zu
Maschinen, Apparaten, Geräten, beispielsweise Waschmaschinen, Geschirrspüler,
Haushalts- oder Heimwerkergeräte. Auch
die Montage von noch größeren und fahr-
baren „Geräten", nämlich Kraftfahrzeugen, gehört zu ihrem Job. Bei ihrer Tätigkeit benutzen sie unterschiedliche
Maschinen, Montagehilfseinrichtungen,
Transportmittel und Werkzeuge, an denen
sie auch die notwendigen Einstell-, Pflege-
und Wartungsarbeiten durchführen. Sie
verlegen, befestigen und schließen Kabel
oder elektrische Leitungen, Bauteile und
Baugruppen an, prüfen und stellen Funktionen an Baugruppen oder fertigen Produkten ein. Sie montieren Schlauchver-
bindungen für hydraulische Bauelemente,
etwa Steuer- oder Bremsvorrichtungen von
Kraftfahrzeugen sowie für pneumatische
Bauteile. Elektronische Bauteile und Baugruppen werden angeschlossen, Funktionen eingestellt und geprüft, Fehler besei-
tigt und Reparaturen an Baugruppen oder
Produkten durchgeführt. Sie kontrollieren
verantwortlich die ausgeführten Arbeiten
und führen ggf. Nacharbeiten durch.

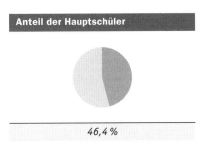

Anteil der Hauptschüler

46,4 %

Verteilung nach Geschlecht

♂	♀
93,4 %	6,6 %

Ausbildungsvergütung in Euro

	alte Länder	neue Länder
1. Jahr	676	649
2. Jahr	716	694
3. Jahr	770	748

Im Rahmen der Fertigungs- und Montagesteuerung wird von ihnen die Materialbereitstellung disponiert und die Aufgabenverteilung innerhalb einer Arbeitsgruppe in Abstimmung mit den vor- und nachgeschalteten Prozessen geplant. Sie überwachen und sichern den Materialfluss und den Ablauf von Herstellungsprozessen. An der Einhaltung von Qualitätsstandards und an der Einhaltung von Maßnahmen zur kontinuierlichen Verbesserung von Arbeitsabläufen, Fertigungsqualität und Arbeitssicherheit sind sie unmittelbar beteiligt. Ihre Arbeitsplätze sind in der Regel Fertigungs- oder Montagehallen oder Werkstätten bzw. Prüfstationen.

Dauer und Verlauf der Ausbildung
Die Ausbildung dauert 3 Jahre.

Was sollten Azubis in diesem Beruf mitbringen?
Man muss bei manch kniffeliger Montagearbeit schon recht gelenkig sein, das im wahrsten Sinne des Wortes bis in die Fingerspitzen. Präzision und Schnelligkeit sind hier gefragt. Um die Montageanleitungen und Zeichnungen rasch begreifen zu können, braucht man ein ausgeprägtes räumliches Vorstellungsvermögen. Und noch ganz wichtig: Teamarbeit ist in diesem Beruf kein Schlagwort, sondern alltägliche Praxis.

Zukunftschancen
Wer in diesem Beruf vorankommen will, dem steht die klassische Fortbildung zum Geprüften Industriemeister in Fachrichtung Metall offen. Daneben gibt es ein weites Angebot, um sich, je nach Branche oder Produkt, zu spezialisieren.

Ausbildungsplatzsuche
Sie können sich bei der örtlichen Handwerkskammer nach Betrieben erkundigen, die Metallbauer ausbilden. Im Internet hilft oft der Blick in den Ausbildungsplatz-Informationsservice der Arbeitsagentur unter *www.arbeitsagentur.de*. Oder Sie suchen in den gelben Seiten Ihrer Region nach Betrieben des produzierenden Gewerbes, die in einer der dargestellten Fachrichtungen des Metallbauer- berufes tätig sind. Dies können Unternehmen aus dem Fahrzeug- oder Anlagenbau, aber auch der Metall verarbeitenden Industrie sein. Dort fragen Sie dann nach Ausbildungsplätzen.

Fleischer/Fleischerin

 NEU

*Am 1.8. 2005 wird dieser Ausbildungs-
beruf unter demselben Namen aktualisiert
in Kraft treten.*

Anteil der Hauptschüler

74,1 %

Verteilung nach Geschlecht

♂	♀
96,2 %	3,8 %

Ausbildungsvergütung in Euro

	alte Länder	neue Länder
1. Jahr	410	258
2. Jahr	479	324
3. Jahr	597	402

Die Angaben beziehen sich auf das Handwerk.

Ein Beruf für HauptschülerInnen?

Es ist keine Übertreibung: Dieser Beruf ist
fest in der Hand von Hauptschüler. 74,1
Prozent der angehenden Fleischer (in man-
chen Gegenden heißen sie Metzger) haben
die Hauptschule besucht und stehen dort
ihren Mann, selbstverständlich auch ihre
Frau.

Wer lieber ausschließlich Fleischerei-
produkte verkaufen will und zudem ein
Händchen für dekorative Präsentation hat,
sollte sich auch für den Beruf des „Fach-
verkäufers im Nahrungsmittelhandwerk –
Schwerpunkt Fleischerei" (Seite 35) interessieren. Auch diese „Fleischspezialisten
mit Fingerspitzengefühl" kommen überwiegend aus der Hauptschule.

Was machen FleischerInnen?

Vorweg das Wichtigste: Das Schlachten
der Tiere erfolgt üblicherweise in Spezial-
betrieben (Schlachthöfen), wo natürlich auch
Fleicher ausgebildet werden. Für die meisten steht jedoch der Umgang mit dem Rohstoff Fleisch im Mittelpunkt der Tätigkeit,
entweder in Handwerks- oder in Industriebetrieben. Was im Einzelnen zu tun ist, richtet sich in erster Linie nach der Größe und
dem Spezialisierungsgrad des Betriebes.
Deshalb ist es wichtig, sich schon vor der
Bewerbung über diese Einzelheiten zu informieren. In einem Handwerksbetrieb reicht
die Tätigkeit von der Auswahl und Beurtei-
lung des Fleisches über das Zerlegen bis zur
Fleischveredelung und zum Verkauf. In größeren Betrieben erfolgt dagegen häufig eine
Spezialisierung für bestimmte Aufgaben,
wozu auch das Schlachten gehören kann.

Nach dem fachgerechten Betäuben und Töten werden die Schlachttierkörper enthäutet, fachmännisch zerlegt und als Verarbeitungsfleisch für die verschiedenen Verwendungszwecke (Wurstherstellung, Groß- und Kleinverkauf usw.) sortiert. Die weiteren Arbeitsvorgänge wie zum Beispiel Brühen, Kochen, Salzen, Pökeln oder Räuchern erfordern nicht nur handwerkliches Geschick, sondern auch Kenntnisse über biochemische Vorgänge. Die hierfür eingesetzten Maschinen, zum Teil computergesteuert, müssen selbstverständlich auch gereinigt und gewartet werden.

Am Ende steht die Vorbereitung der Erzeugnisse für den Verkauf. Dazu gehören die Preisauszeichnung und die ansprechende Präsentation, wobei immer häufiger küchenfertige Produkte gefragt werden, zum Beispiel gefüllte Schnitzel, mariniertes Grillfleisch und Spieße in allen Variationen. Im Verkauf selbst beraten FleischerInnen ihre Kunden fachgerecht über die einzelnen Fleischsorten und -teile und ihre zweckmäßige Verwendung. Diese Tätigkeit können jedoch auch „Fachverkäufer im Nahrungsmittelhandwerk – Schwerpunkt Fleischerei" (siehe Seite 35) ausüben.

Bei der Arbeit in Fleischerein sind zahlreiche gesetzliche Bestimmungen zu beachten, die sich nicht nur auf Hygiene beziehen. Selbstverständlich gehören auch kaufmännische Aspekte zur Ausbildung, denn ohne diese ist kein Betrieb überlebensfähig. Mehr als neunzig Prozent der Auszubildenden werden in Handwerksbetrieben ausgebildet, der Rest in der Industrie. Der Frauenanteil in diesem Beruf ist in den letzten Jahren gestiegen. Das hängt auch mit dem Rückgang von körperlich schweren Tätigkeiten zusammen.

Praxisbeispiel
Mark O.

„Mein Meister sagt immer: Die Großen können billiger verkaufen – wir leben von der Qualität. Das merke ich bei der Arbeit im Laden und es macht auch Spaß. Es fängt beim fachgerechten Zerlegen der angelieferten Ware an, z. B. der Schweinehälften, und geht weiter mit dem Veredeln, wie wir sagen. Da wird je nach Jahreszeit unterschiedlich vorgegangen, und auch die gewünschten Mengen sind unterschiedlich. Bei schönem Wetter im Sommer sind mehrere Panaden anzusetzen, um eine Auswahl an Grillgut vorzuhalten. Da muss man ganz gut mitdenken, beraten und zuhören können, wenn die Kunden ganz besondere Wünsche haben. Ursprünglich wollte ich was mit Autos machen, aber das hat nicht geklappt. Als ich zufällig am Laden hier das Schild sah, dass ein Lehrling gesucht wird, bin ich einfach reingegangen. Da konnte ich mir alles ansehen und nach ein paar Tagen Praktikum wusste ich: Das ist es."

Dauer und Verlauf der Ausbildung:

Die Ausbildung zum Fleischer dauert 3 Jahre. Die ersten zweieinhalb Jahre sind für alle Lernenden gleich. Erst in den restlichen sechs Monaten wird man in einer so genannten Fachrichtung zum Spezialisten ausgebildet. Zur Auswahl stehen die Fachrichtungen Schlachten, Herstellen von Feinkost und Konserven oder Verkauf. Im zweiten Ausbildungsjahr ist eine Zwischenprüfung abzulegen, am Ende der Ausbildung steht die Abschlussprüfung; sie besteht aus einem schriftlichen und einem praktischen Teil.

Was sollten Lehrlinge in diesem Beruf mitbringen?

Wer kein Blut sehen kann und anfällig ist für Erkältungskrankheiten, der ist in diesem Beruf falsch: Der professionelle Umgang mit rohem Fleisch, Blut und Innereien gehört zum Tagesgeschäft. Gute Fleischer haben zudem den für alle Lebensmittelberufe erforderlichen Sinn für Sauberkeit und Hygiene, sind bereit zu Teamarbeit und können mit Stress umgehen. Geschicklichkeit und Fingerfertigkeit sind weitere wichtige Eigenschaften.

Zukunftschancen

Fleischergesellen haben vielfältige Spezialisierungsmöglichkeiten: In den Rauch- und Kochanlagen von Wurstfabriken sind sie beispielsweise verantwortlich für das Räuchern von Wurst und Fleisch. „Aushauer", „Ausbeiner" und „Kopfschlachter" arbeiten in Schlachthöfen. Im Hotel- und Gaststättengewerbe sind Fleischer ebenfalls gefragte Mitarbeiter – manche spezialisieren sich zum Fachberater in der Fleischerzulieferindustrie oder für den Verkauf von Maschinen und Zubehör für Fleischereien.

Vielfältige Lehrgänge von Fachverbänden, Handwerkskammern und Fleischerfachschulen schaffen dem Fleischer Zugang zu Spezialgebieten seines Handwerks. Nach einjähriger Berufspraxis kann er sich zum Fleischereitechniker oder zum Lebensmitteltechniker weiterbilden und in großen Betrieben in der Betriebsleitung, im Einkauf oder in der Kalkulation arbeiten.

Vom Meisterfleischer zum Fleischermeister – das ist keine theoretische Entwicklungsmöglichkeit, sie ist vielmehr im Handwerk nach wie vor der klassische Karriereweg, der schon direkt nach der Ausbildung eingeschlagen werden kann. Wer sich für diesen Schritt entscheidet, kann einen eigenen Betrieb eröffnen oder in berufsbildenden Schulen als Lehrer für die Fachpraxis arbeiten. Altgesellen können sich nach sechs Berufsjahren (davon vier in leitender Funktion) ebenfalls selbstständig machen, sofern sie die entsprechenden betriebswirtschaftlichen Kenntnisse nachweisen können.

Ausbildungsplatzsuche

Sie können sich bei der örtlichen Handwerkskammer oder Industrie- und Handelskammer nach Ausbildungsbetrieben erkundigen. Im Internet hilft oft der Blick in den Ausbildungsplatz-Informations-Service der Arbeitsagentur unter *www. arbeitsagentur.de*. Oder Sie suchen in den gelben Seiten Ihrer Region nach Betrieben der Fleischereibranche und fragen dort nach Ausbildungsplätzen. Dies können Wurstfabriken, Schlachthöfe oder Einzelhandelsgeschäfte im Metzgerei- bzw. Fleischereibereich sein, aber auch größere Lebensmittelgeschäfte bzw. Kaufhäuser mit Fleichabteilung. Bitte denken Sie da-ran, sich auch nach der Spezialisierung (Fachrichtung) zu erkunden.

Fliesen-, Platten- und Mosaikleger

Fliesen-, Platten- und Mosaiklegerin

Ein Beruf für HauptschülerInnen?

65,4 Prozent der angehenden Fliesen-, Platten- und Mosaikleger haben die Hauptschule (mit oder ohne Abschluss) besucht. Alternativen zu diesem Beruf können Sie der Übersicht der Berufe der Bauwirtschaft (Seite 115) entnehmen.

Was machen Fliesen-, Platten- und MosaiklegerInnen?

Wo es auf Sauberkeit und gepflegte Ausstattung ankommt, werden Fliesen-, Platten- und Mosaikleger aktiv. Mit Wand- bzw. Bodenfliesen oder Glasbausteinen verschönern sie Küchen, Badezimmer oder Fassaden, – manchmal ist es auch ein neuer Fußweg für den Garten.

Zum sauberen Fliesenverlegen gehört vor allem ein geeigneter Untergrund, auch hierfür sind Fliesenleger verantwortlich. Sind die Wände krumm, helfen zum Beispiel Gipskartonplatten oder es wird ein Mörtelbett aufgetragen. Bei glatten Wänden geht alles viel schneller: Mit einem speziellen Kleber ist das Verlegen im Nu erledigt. Die Kunst des Handwerks zeigt sich besonders, wenn es an Ecken, Rundungen oder Wasseranschlüsse oder -abflüsse geht. Da fertigen Fliesenleger mit Plattentrenngerät, Hammer und Fliesenschneider das passende Teil an. Hierfür braucht es Fingerspitzengefühl – ein Schlag zuviel und die Platte ist zersprungen. In Zeiten wachsenden Energiebewusstseins sind Dämm- und Isolierschichten immer mehr gefragt. Auch darüber weiß der Fliesenleger Bescheid, ebenso wie über das Verlegen von Mosaiken.

Anteil der Hauptschüler

65,4 %

Verteilung nach Geschlecht

♂	♀
99 %	1 %

Ausbildungsvergütung in Euro

	alte Länder	neue Länder
1. Jahr	554	490
2. Jahr	860	684
3. Jahr	1086	864

Dauer und Verlauf der Ausbildung:

Die Ausbildung dauert drei Jahre. Nach zwei Jahren erwerben die Lehrlinge einen ersten berufsqualifizierenden Abschluss: Sie sind nun Ausbaufacharbeiter. Erst nach einem weiteren, dritten Ausbildungsjahr und einer zweiten Prüfung können sich Ausbaufacharbeiter dieser Fachrichtung dann Fliesen-, Platten- und Mosaikleger nennen.

Was sollten Lehrlinge in diesem Beruf mitbringen?

„Sie haben aber schöne Fliesen in der Küche" – war das Kompliment ernst gemeint, hat sicher ein Fliesenleger mit Rat und Tat geholfen. Sinn für Dekoration und ein sicheres Gefühl für Farben und Formen muss er dafür schon mitbringen. Schließlich wollen die Kunden auch gut beraten werden.

Ein Fliesenleger muss exakt arbeiten und konzentriert zu Werke gehen: Wenn er kleine Teile anfertigt oder ein kniffliges Mosaik verlegt, braucht er Hand- und Fingerspitzengeschick.

Manchmal müssen auch ganz schön schwere Deckenplatten an der Zimmerdecke befestigt werden. Für solche anstrengenden Überkopfarbeiten sollten Fliesenleger körperlich fit und belastbar sein. Die häufig hockende und kniende Arbeitshaltung erfordert eine gesunde Wirbelsäule und stabile Kniegelenke.

Zukunftschancen

Der Ausbau von Schwimmbädern oder die Herstellung von chemisch beständigen Belägen sind nur zwei der möglichen Spezialisierungsmöglichkeiten für Fliesen-, Platten- und Mosaikleger. Andere Fachkurse informieren über Außenwand- und Fassadenverkleidung oder über die Trockenbauweise für Wände, Decken und Böden.

Mit etwas beruflichem Ehrgeiz kann ein Fliesenleger zum Kolonnenführer aufsteigen. Wer noch weiterlernen möchte, kann sich zum Techniker der Fachrichtungen Bautechnik oder Steintechnik ausbilden lassen. Auch die Selbstständigkeit ist möglich – im Handwerk ist dazu die Meisterprüfung erforderlich. Altgesellen können sich auch ohne Meisterprüfung nach sechs Berufsjahren (davon vier in leitender Funktion) selbstständig machen, sofern sie die entsprechenden betriebswirtschaftlichen Kenntnissen nachweisen können.

Ausbildungsplatzsuche

Sie können sich bei der örtlichen Handwerkskammer bzw. der Industrie- und Handelskammer oder der Innung nach Betrieben erkundigen, die Fliesen-, Platten- und Mosaikleger ausbilden. Im Internet hilft oft der Blick in den Ausbildungsplatz-Informationsservice der Arbeitsagentur unter *www.arbeitsagentur.de*. Oder Sie suchen in den gelben Seiten Ihrer Region nach Betrieben aus dem Bereich Fliesenlegen bzw. Bodenbeläge und fragen dort nach Ausbildungsplätzen.

Ein Beruf für HauptschülerInnen?

42,1 Prozent der angehenden Floristen haben die Hauptschule (mit oder ohne Abschluss) besucht. Neben dem Beruf des Floristen gehört auch der Gärtnerberuf zu den Berufen der grünen Branche (Seite 53) mit einem hohen Anteil von Hauptschulabsolventen. Während Gärtner landwirtschaftlich tätig sind und Blumen und Pflanzen produzieren, ist es Aufgabe von Floristen, mit diesen gärtnerischen Erzeugnissen kreativ zu arbeiten, daraus floristische Kunstwerke wie Brautschmuck, Tisch- und Raumschmuck und andere Arrangements zu gestalten und diese zu verkaufen.

Was machen Floristen/Floristinnen?

Das Tätigkeitsspektrum von Floristen ist breit: Schon frühmorgens, wenn die frischen Schnittblumen angeliefert oder im eigenen Treibhaus geschnitten werden, legen sie im wahrsten Sinne des Wortes Hand an: Mit Messer und Schere entblättern sie Blumen und entdornen die Rosen – fast alles in Handarbeit, selten hilft in diesem Metier eine Maschine. In den folgenden Arbeitsschritten kommen die neuen Blumen ins Wasser, Sträuße werden gebunden und wirkungsvoll im Laden und im Schaufenster platziert. Täglich gruppiert der Florist die Pflanzen um, versorgt sie mit frischem Wasser und schneidet sie neu.

Die Pflege der Pflanzen und ihre Präsentation ist ebenso wichtig wie die Kundenbetreuung. Bei vielen Gelegenheiten ist die kreativ-gestalterische Hand der Floristen gefragt: Zu Geburtstagen, zum

Anteil der Hauptschüler

42,1 %

Verteilung nach Geschlecht	
♂	♀
3,2 %	96,8 %

Ausbildungsvergütung in Euro		
	alte Länder	neue Länder
1. Jahr	393	237
2. Jahr	451	332
3. Jahr	514	368

Muttertag, zu Hochzeit oder Taufe arrangieren sie nach den Wünschen der Kunden Blumengebinde, stellen Blüten und Blätter kunstvoll zu farbenfrohem Tischschmuck zusammen oder binden Trauerkränze für Beerdigungen. Floristen arbeiten häufig auch außerhalb der eigentlichen Geschäftsräume, zum Beispiel zur dekorativen Gestaltung von Schaufenstern, Bühnen, Festsälen oder Verkaufsräumen.

Selbstverständlich müssen Floristen auch in der Lage sein, ihre Kunden zu beraten. Dies gilt für die Auswahl von Schnittblumen (wer darf wem bei welcher Gelegenheit rote Rosen schenken, ohne gegen die Etikette zu verstoßen?) , Topfpflanzen, Gestecken und Sträußen, aber auch für die Pflege der Pflanzen. Zum Job gehört natürlich auch der eigentliche Verkauf und das Kassieren.

Bevor das Ende des Arbeitstages naht, geht der Florist das Sortiment noch einmal durch: Was wurde verkauft? Was muss nach- oder neu bestellt werden? An solchen Kalkulationen sieht man, dass in diesem Beruf neben einem „grünen Daumen" auch kaufmännische Fähigkeiten gefragt sind.

Dauer und Verlauf der Ausbildung
Die Ausbildung dauert drei Jahre.

Was sollten Azubis in diesem Beruf mitbringen?
Wenn Frau Maier einen Friedhofsstrauß haben möchte und Herr Müller ein Geburtstagsgesteck für seine Gattin, während kleine Kinder zwischen zerbrechlichen Töpfen und Vasen „fangen" spielen, sind Ruhe und Nerven der Floristen gefragt. Sie müssen auch in hektischen Zeiten freundlich bleiben und den Überblick über höchst unterschiedliche Kundenwünsche behalten.

Bei Hochbetrieb, vor allem vor Feiertagen, müssen sich die Blumenkenner auch auf Überstunden und Einsätze am Sonn- und Feiertag einrichten.

Außer gutem Geschmack, Farbempfinden und Formensinn braucht der Florist natürlich geschickte Hände, wenn es gilt, aus Gräsern und Blüten ansprechende Sträuße zu zaubern. Auf eine gute Kondition kann er ebenfalls nicht verzichten, denn meistens steht er den ganzen Tag. Auch sollten Floristen nicht anfällig für Erkältungskrankheiten sein, denn Blumen mögen es am liebsten kühl. Allergiker sollten sich beraten lassen, ob möglicherweise Pollenallergien zum Problem werden können.

Zukunftschancen
Workshops, Fort- und Weiterbildungsseminare bietet insbesondere der Fachverband deutscher Floristen bundesweit an. Da finden sich unter anderem Kurse zum Verkaufstraining, zum Verkauf im Hydrofachgeschäft, zur Betriebsführung oder dem EDV-Einsatz in der Floristik.

Nach mindestens zweijähriger Berufs-praxis kann man sich zum „Staatlich ge-prüften" Floristen weiterbilden. Einiger Jahre Berufserfahrung bedarf es auch, be-vor die Meisterprüfung abgelegt werden kann. Der Besuch eines Lehrganges an ei-ner Fachschule für Floristik oder die Teil-nahme an einem Meisterlehrgang dient der Vorbereitung auf die Prüfung. Die be-standene Meisterprüfung ist allerdings nicht mehr zwingend, um sich in diesem Beruf selbstständig zu machen.

Ausbildungsplatzsuche

Sie können sich bei der örtlichen Industrie- und Handelskammer nach Ausbildungsbe-trieben erkundigen. Im Internet hilft oft der Blick in den Ausbildungsplatz-Informa-tionsservice der Arbeitsagentur unter *www.arbeitsagentur.de*. Oder Sie suchen in den gelben Seiten Ihrer Region beispiels-weise nach Blumenläden oder Gärtnereien und fragen dort nach Ausbildungsplätzen.

Friseur/Friseurin

Ein Beruf für HauptschülerInnen?

58,6 Prozent der angehenden Friseure haben die Hauptschule (mit oder ohne Abschluss) besucht. Wer sich beruflich der Kosmetik zuwenden möchte, sollte sich für den 2003 geschaffenen Ausbildungsberuf „Kosmetiker" interessieren. Mehr als ein Drittel der angehenden Kosmetiker/-innen hat die Hauptschule mit oder ohne Abschluss verlassen.

Was machen Friseurinnen und Friseure?

Auch Haare machen Leute. Sie so zu verändern, dass sie nicht nur der gängigen Mode entsprechen und den persönlichen Geschmack treffen, sondern ihrem Träger auch „stehen" – dazu sind Friseure da. Ob langes oder kurzes Haar, streng gescheitelt oder ein wirrer Lockenkopf: Sie raten fachkundig zur typgerechten Frisur. Außerdem haben sie für viele Schönheitsprobleme ein Mittelchen parat. Hartnäckigen Schuppen wird mit Spezialshampoo zu Leibe gerückt, leicht ergrautes Haar gefärbt, und wo die Haare ausgehen, helfen Toupet oder Perücke weiter.

Sind die grundsätzlichen Fragen mit dem Kunden geklärt, beginnt die handwerkliche Arbeit: Zunächst wird das Haar gewaschen und möglicherweise eine Färbung vorgenommen. Mit Schere und Kamm wird es anschließend kunstgerecht gekürzt. Auf Wunsch können sich Herren auch gleich noch rasieren oder den Bart pflegen lassen. Wie steht es mit einer Dauerwelle? Das Haar wird entsprechend präpariert und auf kleine Lockenwickler

Anteil der Hauptschüler

58,6 %

Verteilung nach Geschlecht

♂	♀
7,7 %	92,3%

Ausbildungsvergütung in Euro

	alte Länder	neue Länder
1. Jahr	325	202
2. Jahr	413	243
3. Jahr	505	325

aufgerollt. Während es unter den Strahlern trocknet, wäre Zeit für eine Maniküre der Fingernägel.

Dauer und Verlauf der Ausbildung
Die Ausbildung dauert drei Jahre.

Was sollten Lehrlinge in diesem Beruf mitbringen?

Mit hellem, künstlichen Licht und einer Mixtur verschiedenster Gerüche sollten Friseure klar kommen. Auch ein Allergietest ist vor der Berufsentscheidung angebracht, damit es später nicht zu einer bösen Überraschung kommt.

Auch in Stoßzeiten und Stresssituationen muss man auf die Wünsche der Kunden eingehen können. Dies setzt gute Umgangsformen, Kontaktfreudigkeit, Anpassungsfähigkeit und Diskretion voraus.

Wichtig ist auch ein Gefühl für Farben und Formen. Zwar ändert sich die Mode laufend, dennoch muss man Bescheid wissen und stilsicher die richtige Beratung anbieten.

Noch eines sollte man wissen, wenn man die Kunst der Haarpflege erlernen möchte: Der größte Betrieb herrscht immer dann, wenn andere frei haben – deswegen sind Friseursalons auch an Samstagen in aller Frühe geöffnet.

Zukunftschancen

„Bearbeite" ich lieber Herren- oder Damenköpfe? Beide Spezialisierungen stehen einem Friseur mit Abschluss der Ausbildung offen. Zusatzqualifikationen in Farb- und Stilberatung sowie vertiefte Kenntnisse in Maniküre erweitern die beruflichen Möglichkeiten.

Praxisbeispiel

Nadine Nötzel

Nadine Nötzel war eigentlich schon einschlägig tätig, bevor es richtig losging: „Ich habe mir selbst immer mal wieder gern die Haare gefärbt. Außerdem habe ich bereits vor meiner Lehre oft Freunden die Haare frisiert." Das Hobby hat Nadine zum Beruf gemacht, heute lernt die Achtzehnjährige im ersten Jahr im Salon Rys in Lübeck. Und bereut die Wahl der Ausbildung zur Friseurin bisher nicht: „Der Beruf ist ungemein vielseitig. Augenbrauen zupfen und färben, Kopfmassagen oder Dauerwellen machen sind nur ein paar Beispiele meiner Tätigkeiten." Als Lehrling lernt Nadine häufig an so genannten Modellen: „Das sind unsere Versuchspersonen", schmunzelt sie, „obwohl ihnen natürlich nichts zustößt." Über Zeitungsannoncen oder im Freundeskreis sucht der Salon Freiwillige, die sich den Lehrlingen zum Haareschneiden oder -färben zur Verfügung stellen. „Anfangs steht die Chefin noch daneben, aber wenn man sich bewährt, darf man irgendwann

alleine 'ran." Ganz wichtig ist Kontakt-
freudigkeit für den Beruf, aber auch
Vorstellungskraft: „Um Kunden gut be-
raten zu können, müssen wir in der
Lage sein, uns eine Frisur an der
Person vorzustellen. Nur so entsteht ein
Look, der auch zum Typ
passt. "

Weiterbildungsangebote gibt es für Friseure in großer Zahl. Neue Moden haben häufig neue Schneide- und Frisiertechniken zur Folge, über die sie sich ständig auf dem Laufenden halten sollten.

Auch eine Zusatzausbildung in der Kosmetik ist möglich. Dabei ist allerdings zu beachten, dass diese Ausbildung inzwischen zu einem eigenen Ausbildungsberuf wurde und die Entscheidung zwischen diesen beiden Tätigkeitsfeldern daher besser vor Beginn der Ausbildung gefällt werden sollte. Der Weg in die berufliche Selbstständigkeit führt über die Meisterprüfung oder über eine sechsjährige Berufstätigkeit (davon vier in leitender Funktion), sofern die entsprechenden betriebs- wirtschaftlichen Kenntnisse nachgewiesen werden können.

Ausbildungsplatzsuche

Sie können sich bei der örtlichen Handwerkskammer nach Salons erkundigen, die Friseure ausbilden. Im Internet hilft oft der Blick in den Ausbildungsplatz-Informationsservice der Arbeitsagentur unter *www.arbeitsagentur.de*. Oder Sie suchen in den gelben Seiten Ihrer Region nach Friseursalons und fragen dort nach Ausbildungsplätzen.

Gärtner/Gärtnerin

Ein Beruf für HauptschülerInnen?

50 Prozent der angehenden Gärtner haben die Hauptschule (mit oder ohne Abschluss) besucht. Wer Natur und Pflanzen mag, aber auch eine Hand (nicht nur den grünen Daumen) für dekorative Blumen-Arrangements hat und gerne im Verkauf tätig ist, für den kommt auch der Beruf des Floristen (Seite 47) in Betracht.

Was machen GärtnerInnen?

Wie wird aus einem Flieder eine blühende Augenweide, die auf ihre Quadratmeter beschränkt bleibt – und nicht zur Geißel des Gartens gerät? Welche Pflanzen bevorzugen Sonne, welche Schatten? Wie düngt man seinen Garten umweltgerecht? Solche praktischen Tipps werden von einem Gärtner-Profi erwartet. Schließlich ist er Experte für Anzucht, Pflege und Pflanzenverwertung sowie für Ernte und Vermarktung von Schnittblumen, Stauden, Gemüse oder auch Obst.

Damit Gärtner angesichts der Pflanzenvielfalt nicht den Überblick verlieren, können sie sich in der Ausbildung für eine von sieben Fachrichtungen entscheiden. Diese Fachrichtungen orientieren sich an Produktionszweigen, etwa Baumschule, Zierpflanzen- oder Gemüsebau oder an Dienstleistungsbereichen, in denen Gärtner als Garten- und Landschaftsbauer oder Friedhofsgärtner arbeiten.

Anteil der Hauptschüler

50 %

Verteilung nach Geschlecht

♂	♀
74,9 %	25,1 %

Ausbildungsvergütung in Euro

	alte Länder	neue Länder
1. Jahr	458	309
2. Jahr	533	387
3. Jahr	602	439

Unabhängig von der gewählten Fachrichtung erwarten jeden Gärtner vielfältige Aufgaben. Im Garten- und Landschaftsbau pflegt er beispielsweise Hausgärten, öffentliche Grünanlagen, Spiel- und Sportplätze. Dazu gehört unter anderem Raseneinsaat, Pflanzungen, Düngung und Pflanzenschutzmaßnahmen. Der Einsatz leistungsstarker Maschinen, zum Beispiel für Aufschüttung oder Bodenabtrag ersetzt zunehmend körperlich belastende Arbeiten. Zum „Gartenarchitekten" wird der Gärtner, wenn Vermessungsarbeiten oder das Umsetzen von Zeichnungen für Grünanlagen in die Praxis anstehen. Steinarbeiten (etwa Plattenlegen oder das Arbeiten mit Naturstein) muss er auch ausführen können. Gärtner sind heute auch Landschaftspfleger oder Umweltschützer – zum Beispiel, wenn sie Flächen rekultivieren.

Dauer und Verlauf der Ausbildung

Die Ausbildung zum Gärtner dauert drei Jahre. Seit einigen Jahren können Junggärtner nach der beruflichen Grundbildung im ersten Ausbildungsjahr ab dem zweiten Lehrjahr zwischen sieben Fachrichtungen wählen. Baumschule, Friedhofsgärtnerei, Garten- und Landschaftsbau, Gemüsebau, Obstbau, Staudengärtnerei und Zierpflanzenbau sind dann die möglichen Spezialisierungen.

Was sollten Lehrlinge in diesem Beruf mitbringen?

Mit ungünstigen Wetterverhältnissen und teils unangenehmen Körperhaltungen wie Bücken oder Hocken muss der Gärtner rechnen – das erfordert gute körperliche Kondition. Je nach Fachrichtung ist das Ausmaß an körperlicher Beanspruchung jedoch unterschiedlich ausgeprägt. Im Garten- und Landschaftsbau, in der Friedhofsgärtnerei oder Baumschule muss schon mal kräftig zugepackt werden – etwa wenn Schubkarren voll mit Mutterboden zu fahren oder Bäume umzusetzen sind.

Geschicklichkeit ist gefordert, wenn Gärtner aussäen, ein- und umtopfen, veredeln oder pikieren, also Sämlinge auspflanzen, und der Farbsinn sollte natürlich auch intakt sein.

Neben Freude an der Natur und am Umgang mit Pflanzen sollte auch technisches Verständnis vorhanden sein, da die Handhabung und Wartung von Maschinen und Anlagen in Gartenbaubetrieben an Bedeutung zugenommen hat.

Wer regelmäßig vom Heuschnupfen geplagt wird, sollte sich vor einer Entscheidung für diesen Beruf beraten lassen.

Zukunftschancen

Gärtnern, die sich berufsbegleitend weiterbilden möchten, steht eine Vielzahl von Lehrgängen zur Verfügung. Zur Wahl stehen Themen wie Bodenbearbeitung und -bewirtschaftung, Gartengestaltung, Ökologischer Gartenbau, Marketing, Werbung und Verkauf, Rechnungswesen oder EDV im Gartenbau. Auch der Umgang mit Pflanzenschutz- und Düngemitteln erfordert ständige Weiterbildung und eröffnet die Möglichkeit der beruflichen Spezialisierung. Nach dem Besuch eines solchen Kursangebotes winkt der Aufstieg zum Erstgehilfen oder Abteilungsleiter.

Aber auch innerhalb der vorgestellten sieben Fachrichtungen ergeben sich weitere Spezialisierungsmöglichkeiten – etwa zum Veredler, Hydrokulturgärtner oder Maschinenführer im Garten- und Landschaftsbau.

Wer an einer Schule „seinen Techniker" machen möchte, kann sich anschließend in einer überbetrieblichen Einrichtung wiederfinden, beispielsweise in Beratungsringen, Versuchsanstalten oder Pflanzenschutzämtern. Und selbstverständlich gibt es auch in diesem Beruf den „klassischen" Aufstieg zum Meister, der jedoch für den Weg in die berufliche Selbstständigkeit nicht mehr erforderlich ist.

Ausbildungsplatzsuche

Sie können sich bei der örtlichen Landwirtschaftskammer nach Ausbildungsbetrieben erkundigen. Im Internet hilft oft der Blick in den Ausbildungsplatz-Informationsservice der Arbeitsagentur unter *www.arbeitsagentur.de.* Oder Sie suchen in den gelben Seiten Ihrer Region nach Betrieben, etwa Gartencentern oder Baumschulen, und fragen dort nach Lehrstellen.

Gebäudereiniger/Gebäudereinigerin

Ein Beruf für HauptschülerInnen?

72,6 Prozent der angehenden Gebäudereiniger haben die Hauptschule (mit oder ohne Abschluss) besucht.

Anteil der Hauptschüler

72,6 %

Verteilung nach Geschlecht

♂	♀
85,4 %	14,6 %

Ausbildungsvergütung in Euro		
	alte Länder	neue Länder
1. Jahr	500	350
2. Jahr	600	420
3. Jahr	700	500

Was machen Gebäudereiner-Innen?

Beim Wort Gebäudereiniger denkt mancher an Putzjobs, die auch von Ungelernten erledigt werden. Die Wirklichkeit in diesem Ausbildungsberuf sieht jedoch ganz anders aus. Zwar müssen die Auszubildenden zupacken, Böden schrubben und Scheiben mit dem Fensterleder reinigen. Aber sie müssen sich auch viel theoretisches Wissen aneignen – in der Berufsschule und in der überbetrieblichen Unterweisung der Innung. Nur einige Beispiele: Wie reinigt man die verschiedenen Steinarten, die beim Bau eines Hauses verwendet werden? Welche Pflege braucht PVC – im Gegensatz zu Linoleum oder Teppichboden? Welche Oberflächen müssen mit welchem Putzmittel behandelt werden, damit sie nicht rosten? Wie entfernt man Teerflecken vom Teppichboden oder von wertvollem Parkett? Welche Umweltschutzvorschriften sind zu beachten?

Je nach Einsatzbereich variieren die Tätigkeiten von Gebäudereinigern. Bei der so genannten Unterhaltsreinigung stehen die Reinigung von Bodenbelägen, das Saugen von Teppichen, die Behandlung von Türen, Wänden und Einrichtungsgegenständen sowie der sanitären Einrichtungen im Vordergrund. Beim Einsatz in Krankenhäusern, Alten- und Pflegeheimen kommt als verantwortungsvolle Aufgabe die Reinigung von Sanitärräumen, Behandlungsräumen wie Intensivstationen dazu. In der Verkehrsmittelreinigung zählen zur Innenreinigung auch die Sitze, Kopfstützen und Handgriffe. Die Vorbereitung ist ganz wesentlicher Teil der eigentlichen Arbeit: Welche Zeiten müssen für die einzelnen Schritte eingeplant werden? Welche Reihenfolge ist einzuhalten? Welche Maschinen und Geräte sowie Reinigungsmittel müssen bereit gestellt werden? Welche Vorschriften sind zu beachten?

In keinem anderen Beruf ist das Ergebnis der Arbeit so offensichtlich: Es muss alles blitzeblank sein!

Dauer und Verlauf der Ausbildung:
Die Ausbildung dauert drei Jahre.

Was sollten Lehrlinge in diesem Beruf mitbringen?
Je nach Auftragsart ist der Beruf nichts für Langschläfer: Arbeiten in Büroräumen, Werkstätten oder Industriebetrieben werden oft vor Beginn der üblichen Arbeitszeiten durchgeführt, um den Betrieb nicht zu stören. Die Arbeitszeit des Gebäudereinigers kann dann in den frühen Morgenstunden, aber auch in den Abendstunden liegen. Aufwendigere Arbeiten des Gebäudereiniger-Handwerks werden häufig durch Arbeitsgruppen mit geteilten Aufgaben erledigt. Die Teamfähigkeit ist daher wichtige Voraussetzung für den Beruf. Für einige Arbeiten – etwa auf Hubarbeitsbühnen oder Leitern – ist Schwindelfreiheit Voraussetzung. Gebäudereiniger sollten eine Vorliebe für praktische Handarbeiten mit technischen Hilfsmitteln haben, jedoch auch mit der Theorie nicht auf Kriegsfuß stehen. Denn ohne Flächenberechnungen und Herstellen von Mixturen geht es nicht. Für den guten Gebäudereiniger ist Schmutz „Materie

Praxisbeispiel
Sebastian Rößler

Hartnäckigem Schmutz lässt sich manchmal nur mit Schutzbrille und Handschuhen beikommen. Obwohl Sebastian Rößler in dieser Kluft eher wie der Angestellte eines Chemielabors wirkt, weiß er, dass die Schutzkleidung nötig ist: „Wir können es schon mal mit Gebäuden zu tun bekommen, die seit zehn Jahren nicht mehr gereinigt wurden. Dort kommen wir nur mit Maschinen weiter und mit schärferen Reinigungsmitteln als denen, die wir sonst benutzen." Auch bei Reinigungsarbeiten im Sanitärbereich, wo Säuren zum Einsatz kommen, ist die Sicherheitskluft Pflicht. Als „Grundreinigung" bezeichnet der Fachmann solche intensiveren Reinigungsarbeiten, die nicht zu verwechseln sind mit der so genannten „Unterhaltsreinigung": „Die Unterhaltsreinigung ist etwas für den ‚kleinen Schmutz', etwa Kaffeeflecken auf Büro-Schreibtischen", so Rößler, der im ersten Lehrjahr bei der Fiduz Gebäudereinigungs GmbH in Langen-

hagen lernt. Neben einer umsichtigen Arbeitsweise – Stichwort giftige Reinigungsmittel – sind Rechenkenntnisse im Gebäudereinigerhandwerk gefragt. Der siebzehnjährige Lehrling nennt Beispiele: „Wir müssen Anteile von Stoffen berechnen, die dann als Mixtur ein Reinigungsmittel ergeben. Oder wir rechnen die Größe der Flächen aus, die wir sauber machen." Wem beim Blick aus luftiger Höhe schwindelig wird, der sollte sich die Entscheidung für den Beruf überlegen: Mit Außeneinsätzen an Gebäudefassaden müssen Gebäudereiniger rechnen.

am falschen Ort", deshalb kommen für diesen Beruf nur Menschen in Betracht, die keine Abneigung gegen Schmutz haben und auch mal mit ekeligem Dreck umgehen können.

Obwohl Handschuhe die Arbeit erleichtern, sollten keine Allergien gegen Lösungs- oder Putzmittel vorliegen.

Zukunftschancen

Dass dieser Beruf Zukunft hat, liegt auf der Hand. Jeder Betrieb, der was auf sich hält, muss sich seinen Kunden stets ordentlich präsentieren. Auch strengere Hygiene- und Umweltvorschriften tragen dazu bei, dass Gebäudereiniger immer mehr gefragte Spezialisten sein werden. Wer Bescheid weiß über Verschmutzungsarten und deren Beseitigung, findet viele Arbeitsbereiche, auf die er sich spezialisieren kann: Glasreiniger putzen Fenster, Fassadenreiniger bringen ans Licht, was sich bisher unter dicken Schmutzschichten verbarg. Im Krankenhaus werden zusätzlich ausgebildete Gebäudereiniger als Desinfektoren eingesetzt. Deren Arbeit schätzen auch Pharmaindustrie und Schwimmbadbetriebe. Wer sein eigener Herr werden möchte oder das Gelernte irgendwann einmal weitergeben möchte, dem steht natürlich auch dies offen. Der Erwerb des Meisterbriefes ist hierfür nicht zwingend notwendig.

Ausbildungsplatzsuche

Sie können sich bei der örtlichen Handwerkskammer nach Betrieben erkundigen, die Gebäudereiniger ausbilden. Im Internet hilft oft der Blick in den Ausbildungsplatz-Informationsservice der Arbeitsagentur unter *www.arbeitsagentur.de*. Oder Sie suchen in den gelben Seiten Ihrer Region nach Betrieben aus dem Reinigungsgewerbe und fragen dort nach Lehrstellen.

Ein Beruf für HauptschülerInnen?

49,8 Prozent der angehenden Hauswirtschafter, der Profis auf dem Gebiet für Ernährung, Haushaltsführung und Betreuung, haben die Hauptschule (mit oder ohne Abschluss) besucht. Wer sich beruflich auf das Kochen konzentrieren möchte, der sollte den Beruf des Kochs mit einem ebenfalls hohen Hauptschüleranteil ins Auge fassen (Seite 67).

Anteil der Hauptschüler

49,8 %

Was machen HauswirtschafterInnen?

Die Betreuung und Versorgung von Menschen steht im Mittelpunkt der Tätigkeit von Hauswirtschaftern. Dazu zählt vor allem eine gesunde und abwechslungsreiche Ernährung als Grundlage für körperliches Wohlbefinden. Die Nahrung muss auf die zu betreuenden Menschen abgestimmt sein: Kleinkinder haben andere Bedürfnisse als Jugendliche oder bettlägerige, ältere Menschen. Solche unterschiedlichen Bedürfnisse in der Speiseplanung, dem Einkauf, der Zubereitung und dem Servieren zu berücksichtigen, ist Aufgabe von Hauswirtschaftern.

Verteilung nach Geschlecht

♂	♀
4,9 %	95,1 %

Um sich wohl zu fühlen, brauchen Menschen aber auch eine angenehme Umgebung und gepflegte Bekleidung. Personen, die selbst nicht mehr dazu in der Lage sind, müssen gewaschen werden. Älteren und allein stehenden Menschen fehlt häufig ein Ansprechpartner und auch dann ist die Hauswirtschafterin gefragt. Zur Versorgung gehören nämlich auch das Gespräch und die soziale Betreuung – denn, wie wir alle wissen, lebt der Mensch nicht vom Brot allein.

Ausbildungsvergütung in Euro

	alte Länder
1. Jahr	485
2. Jahr	525
3. Jahr	576

Die Tarifvergütungen sind für den Bereich der Landwirtschaft angegeben und können in anderen Tarifbreichen geringfügig abweichen.

Für die neuen Länder liegen keine Angaben vor.

Die Versorgung von kranken Menschen geschieht oft in Zusammenarbeit mit anderen Fachkräften, zum Beispiel mit Pflegekräften. Modern ausgedrückt: Hauswirtschafter müssen in der Lage sein, einen gesamten (auch großen) Haushalt zu managen, wobei auch die wirtschaftlichen (finanziellen) Aspekte zu beachten sind.

Nur selten leisten sie diesen Service in einem Familienhaushalt, überwiegend sind sie in Heimen, Kantinen, Gästehäusern (z.b. Jugendherbergen) und vergleichbaren Einrichtungen beschäftigt und müssen in der Lage sein, auf die sehr unterschiedlichen Adressaten einzugehen. Der Beruf ist jedoch auch eine hervorragende Vorbereitung auf die Führung eines Gästebetriebes (Familienpension, Ferien auf dem Bauernhof, etc.) oder die Leitung des häuslichen Teils eines größeren landwirtschaftlichen Betriebes.

Dauer und Verlauf der Ausbildung:

Die Ausbildung dauert drei Jahre. Wer vor der Ausbildung ein Berufsgrundbildungsjahr im Berufsfeld Ernährung und Hauswirtschaft absolviert hat, bekommt dieses als erstes Ausbildungsjahr angerechnet.

Was sollten Lehrlinge in diesem Beruf mitbringen?

Bin ich in der Lage, mit (hilfebedüftigen) Menschen jeden Alters, mit Gästen einer Pension, eines Heims oder einer Tagungsstätte umzugehen und auf ihre Wünsche einzugehen? Kann ich planen? Koche ich gern? Bin ich bereit zu putzen? Solche Fragen sollten sich junge Menschen, die Hauswirtschafter werden wollen, im Vorfeld der Ausbildung überlegen. Betreuung und Hausarbeit nämlich sind kein Kinderspiel – es muss selbstständig gearbeitet und die Arbeit richtig organisiert werden. Verantwortungsbewusstsein ist gefragt, besonders, wenn auch Betreuung anfällt, Sauberkeit und Hygienebewusstsein natürlich ebenfalls.

Auf dem Lande müssen Hauswirtschafter ganz schön zupacken können – zum Beispiel, wenn im Herbst das Obst reif wird und Einwecken und Marmeladekochen auf dem Programm stehen oder wenn im Frühling Gartenarbeit anfällt. Aber auch sonst braucht man Ausdauer bei körperlicher Betätigung: Schließlich ist man den ganzen Tag auf den Beinen, weil es im Haushalt immer etwas zu tun gibt.

Hauswirtschafter, die in Großküchen oder Wäschereien arbeiten, dürfen darüber hinaus nicht lärm- oder hitzeempfindlich sein.

Für die selbständige Organisation von kleinen Wirtschaftsbetrieben sind planerisches Geschick und Entscheidungsfähigkeit gefragt.

Zukunftschancen

Für Hauswirtschafter bieten sich je nach Arbeitsgebiet verschiedene Lehrgänge zur Vertiefung ihres Wissens an: So ist zum Beispiel ein Kurs über vegetarische Ernährung für die Hauswirtschafterin sinnvoll, die im Privathaushalt arbeitet. Für ihre Kollegin im Seniorenheim ist es wichtiger, in Sachen Gemeinschaftsverpflegung auf dem neuesten Stand zu bleiben.

Für viele Fortbildungen wird eine bestimmt Anzahl von Berufsjahren vorausgesetzt. Hat man zum Beispiel zwei Jahre als Hauswirtschafter gearbeitet und erkannt, dass einem die Betreuung von Menschen besonders am Herzen liegt, ist vielleicht die Fortbildung zum „Geprüften Fachhauswirtschafter" das Richtige.

Organisieren und verwalten Sie gerne und schrecken Sie auch vor Personalplanung und -führung nicht zurück? Dann kommt für Sie auch eine Fortbildung zum hauswirtschaftlichen Betriebsleiter oder Techniker für Hauswirtschaft und Ernährung infrage. Fach- oder Technikerschulen bieten solche Fortbildungen an. Meister in der Hauswirtschaft kann man nach erfolgreicher Prüfung ebenfalls werden.

Ausbildungsplatzsuche

Sie können sich bei der örtlichen Industrie- und Handelskammer oder Landwirtschaftskammer nach Betrieben erkundigen, die Hauswirtschafter ausbilden. Im Internet hilft oft der Blick in den Ausbildungsplatz-Informationsservice der Arbeitsagentur unter *www.arbeitsagentur.de.* Oder Sie suchen in den gelben Seiten Ihrer Region nach Betrieben, beispielsweise Pflege- oder Altenheimen, und fragen dort nach Ausbildungsplätzen.

NEU

57,1 %

Verteilung nach Geschlecht

♂ ♀

99,1 % | 0,9 %

Ausbildungsvergütung in Euro

	alte Länder	neue Länder
1. Jahr	544	458
2. Jahr	587	492
3. Jahr	648	534

Ein Beruf für HauptschülerInnen ?

Diesen Beruf gibt es seit 1980. Ab 1. August 2004 gilt eine überarbeitete Ausbildungsordnung. Der Anteil von Hauptschülern lag vor der Neuordnung bei 56,9 %, was auch als Richtwert für die Zukunft anzusehen sein dürfte.

Was machen HolzbearbeitungsmechanikerInnen?

Was Holzbearbeitungsmechaniker tun, kann man ganz grob in einem Satz zusammenfassen: Sie fertigen aus dem Rohstoff Holz die Produkte, die Tischler oder Heimwerker für ihre Arbeiten brauchen.

Dazu gehören zum Beispiel die Arbeitsschritte Entrinden, Schälen, Zuschneiden, Sägen, Fräsen, Hobeln oder Zerspanen und Leimen. Dies alles geht nicht ganz ohne körperliche Arbeit, doch weit überwiegend werden hierzu elektronisch gesteuerte Maschinen, größere Anlagen oder gar ganze Verarbeitungsstraßen eingesetzt. Und wenn Baumriesen Schritt für Schritt zu Brettern der gängigen Größen verarbeitet werden, kommt es auf den Millimeter an. Holzbearbeitungsmechaniker müssen deshalb diese Maschinen maßgenau einrichten, peinlich genau bedienen und überwachen und natürlich auch warten. Auch diesen Arbeitsgang lassen sich die Fachleute nicht aus der Hand nehmen, denn sie kennen „ihre" Maschine oder Anlage am besten.

Neben Schnittholz in unterschiedlicher Größe und Stärke werden natürlich auch Rundhölzer in verschiedener Länge hergestellt. Doch in diesem Zustand lassen sich diese Produkte noch nicht verkaufen. Sie müssen, je nach Verwendungszweck, anschließend sortiert oder getrennt werden, bevor sie mit Hobelmaschinen den „Feinschliff" bekommen. Auch die Herstellung von Sperrholz oder Holzspanplatten gehört zum Aufgabegebiet dieser Holzfachleute. Außerdem stellen sie durch Verleimen einzelner Holzbauteile unterschiedliche Holzverbindungen oder andere Holzfertigerzeugnisse her.

Dass in diesem Beruf die Aspekte von Arbeitssicherheit und Umweltschutz eine große Bedeutung haben, liegt auf der Hand. Der Umgang mit Informations- und Kommunikationstechniken, Teamfähigkeit, Qualitätssicherung und Kundenorientierung sind jedoch auch keine Schlagworte, sondern weitere wichtige Berufsanforderungen, die während der Ausbildung vermittelt werden.

Dauer und Verlauf

Die Ausbildung dauert 3 Jahre in den Ausbildungsbereichen von Industrie und Handel.

Was sollten Azubis in diesem Beruf mitbringen?

Der tagtägliche intensive Umgang mit dem Roh- oder Werkstoff Holz in seinen unterschiedlichen Größen, Gewichten und Beschaffenheiten setzt eine gewisse Robustheit voraus. Man muss schon zupacken können und auch die Haut darf nicht empfindlich sein. Technisches Geschick muss vorhanden sein und auch das Reaktionsvermögen muss stimmen. Und natürlich geht es nicht ohne ein gesundes Empfinden für Farben, Formen und Gestalten. Allergien treten dank moderner Technik nur noch sehr selten auf, wer aber hier besonders empfindlich ist, sollte sich beraten lassen.

Zukunftschancen

Wie in nahezu allen Berufen können sich auch Holzbearbeitungsmechaniker nach der Ausbildung spezialisieren, z.B. im Bereich der Säge-, der Hobel-, oder Holzwerkstoffindustrie bzw. auf dem Gebiet des Holzleimbaus. Dazu bieten die zuständigen Industrie- und Handwerkskammern bzw. die Handelskammern selbst Lehrgänge an oder sie können andere Weiterbildungsanbieter nennen. Ein weiterer Weg auf der Karriereleiter ist die Meisterprüfung oder die Prüfung zum „Staatlich geprüften Techniker".

Ausbildungsplatzsuche

Sie können sich bei Ihrer örtlichen Industrie- und Handelskammer bzw. Handwerkskammer nach Betrieben erkundigen, die Holzbearbeitungsmechaniker ausbilden. Im Internet hilft oft der Blick in den Ausbildungsplatz-Informationsservice der Arbeitsagentur unter *www.arbeitsagentur.de.* Oder Sie suchen in den gelben Seiten Ihrer Region nach Betrieben und fragen dort nach Ausbildungsplätzen.

NEU

Anteil der Hauptschüler

33,6 %

Verteilung nach Geschlecht

♂	♀
43,7 %	*56,3 %*

Ausbildungsvergütung in Euro		
	alte Länder	*neue Länder*
1. Jahr	590	530
2. Jahr	661	594
3. Jahr	758	683

Ein Beruf für HauptschülerInnen

33,6 Prozent der angehenden Kaufleute im Einzelhandel haben die Hauptschule (mit oder ohne Abschluss) besucht. Wer im Einzelhandel arbeiten möchte, aber näher „am Kunden" sein will, ohne sich mit den Details von Kalkulation und Buchführung zu befassen, für den kommt auch eine Ausbildung zum Verkäufer infrage (Seite 104). Die ab 1. August 2004 geltende neue Ausbildungsordnungsordnung sieht – wie ihre Vorgängerin – für die ersten beiden Jahre gemeinsame Inhalte beider Berufe vor.

Was machen Kaufleute im Einzelhandel?

Von Lebensmitteln bis Spielekonsolen, von Tierfutter bis Spielwaren verkaufen sie alles, was der Einzelhandel seinen Kunden zu bieten hat. Aber mit Preisangabe und Einpacken, mit Abkassieren und Quittieren ist es bei weitem nicht getan. Kaufleute im Einzelhandel wissen über ihr Warenangebot bestens Bescheid, kennen die verschiedenen Fabrikate und können ihre Beschaffenheit und Handhabung mit allen Vor- und Nachteilen geduldig und verständlich erklären. „Warenkunde" hat deshalb in der Ausbildung ein hohen Stellenwert.

Kaufleute im Einzelhandel gestalten das Sortiment, kaufen neue Artikel ein und kümmern sich darum, dass Lieferungen rechtzeitig erfolgen, sorgfältig auf Vollständigkeit und Qualität geprüft, sachgerecht sortiert, eingeräumt, gelagert und gepflegt werden. Mit ansprechenden Schaufensterauslagen und Anzeigen rühren sie die Werbetrommel, starten Sonderaktionen und stimmen ihr Sortiment auf die jeweilige saisonale Nachfrage ab.

Darüber hinaus fällt am Schreibtisch viel „Papierkrieg" an. Da müssen Preise kalkuliert und Personalkosten ausgerechnet, die Buchhaltung und der anfallende Schriftverkehr erledigt werden. Je nach Form des Unternehmens sind auch Steuersachen zu bearbeiten, Listen, Karteien und Konten zu führen. Kosten- und Leistungsrechnung, Statistik und Steuerung mit Hilfe von Kennziffern sind dafür wichtige Ausbildungsinhalte. Zu Verwaltungskommen Organisationsaufgaben: Kaufleute im Einzelhandel sorgen dafür, dass im Betrieb alles reibungslos abläuft, und setzen das Personal entsprechend ein. Natürlich müssen sie auch über IT-bezogene Qualifikationen verfügen.

Dauer und Verlauf der Ausbildung:

Die Ausbildung dauert drei Jahre. Um der Vielfältigkeit des Einzelhandels Rechnung zu tragen, wurde mit der ab 1. August 2004 in Kraft getretenen Modernisierung des Ausbildungsberufs Differenzierungs- und Wahlmöglichkeiten geschaffen, um damit die „passenden" Qualifikationen für die unterschiedlichen Betriebsformen und -größen sowie die unterschiedlichen Branchen des Einzelhandels bereitzustellen.

Was sollten Azubis in diesem Beruf mitbringen?

Kunden zufrieden stellen und dabei zugleich an die Wirtschaftlichkeit des Unternehmens denken – das ist kein Widerspruch, sondern die tägliche Herausforderung für den Einzelhändler. Damit sind die zentralen Anforderungen beschrieben: Freude im Umgang mit Personen – Kunden wie Mitarbeitern – ist genauso wichtig, wie Organisationstalent und der Umgang mit Zahlen. Initiative und Teamarbeit kann man während der Ausbildung entwickeln – die Bereitschaft dazu muss aber mitgebracht werden.

Für den Einsatz im Laden müssen die Kaufleute viel auf den Beinen sein, für die genauso anfallenden Büroarbeiten ist dann wieder Sitzfleisch gefordert. Auch die Bereitschaft zum Schichtdienst im Rahmen der Ladenöffnungszeiten ist erforderlich.

Zukunftschancen

Wer sich mit dieser Ausbildung selbstständig machen möchte, der hat die Grundlagen dafür bereits erworben. Lehrgänge über Existenzgründung im Einzelhandel, Buchführung, Rechnungswesen oder Mitarbeiterführung ergänzen diese Qualifikation.

Andere ziehen es vor, als Angestellte in einem Kaufhaus oder der Filiale eines größeren Unternehmens zu arbeiten – diese Kaufleute können ihrer Beförderung ebenfalls durch die Teilnahme an Lehrgängen nachhelfen. Solche Kurse werden zum Teil innerbetrieblich, aber auch von Weiterbildungsstätten angeboten: Werbung und

Verkaufsförderung, Einkauf, Materialwirtschaft und Beschaffung oder Finanz- und Rechnungswesen sind nur ein kleiner Ausschnitt aus der Palette von Veranstaltungen.

Aber auch ein beruflicher Wechsel in den Außendienst von Herstellern und Großhändlern ist möglich. Nicht wenige gelernte Einzelhändler beraten und beliefern heute Kaufhäuser und Läden im Auftrag dieser Unternehmen.

Bei entsprechender Berufserfahrung ist die Fortbildung zum Handelsfachwirt, zum staatlich geprüften Betriebswirt oder auch zum Personalfachkaufmann möglich.

Ausbildungsplatzsuche

Sie können sich bei der örtlichen Industrie- und Handelskammer nach Ausbildungsbetrieben erkundigen. Im Internet hilft oft der Blick in den Ausbildungsplatz-Informationsservice der Arbeitsagentur unter *www.arbeitsagentur.de.* Oder Sie suchen in den gelben Seiten Ihrer Region nach Einzelhandelsgeschäften, deren Warensortiment Sie interessiert, und fragen dort nach Ausbildungsplätzen. Ob Fachgeschäfte, Kauf- bzw. Warenhäuser, Boutiquen oder auch Supermärkte: Sie alle beschäftigen Kaufleute im Einzelhandel.

Koch/Köchin

Ein Beruf für HauptschülerInnen?

43 Prozent der angehenden Köche haben die Hauptschule (mit oder ohne Abschluss) besucht, einige davon werden eine ähnliche Karriere wie ihre prominenten Vorbilder machen und später Spitzenkoch in einem mit „Mützen" oder „Löffeln" ausgezeichneten Restaurant sein.

Was machen Köchinnen und Köche?

Sie bleiben für den Restaurantbesucher meist unsichtbar, tragen markante Mützen und jeder hat wohl eine ungefähre Vorstellung über ihre Tätigkeiten. Diese Vorstellung aber deckt in der Regel bei weitem nicht alles ab, was Köche tatsächlich tun:

Um jedes in der Speisekarte angebotene Gericht in kürzester Zeit frisch zuzubereiten, ist einiges mehr gefordert als Rühren und Abschmecken: Der Einkauf muss organisiert, die Ware auf Qualität geprüft, haltbar gelagert werden und immer ausreichend vorhanden sein, um dem Ansturm der Gäste standzuhalten. Das Aufstellen der Speisekarte erfordert vom Koch viel Talent. Er muss die Wünsche seiner Gäste mit dem saisonal recht unterschiedlichen Angebot (zum Beispiel in der Spargelzeit) in Einklang bringen, und gleichzeitig darf er die spezifische Ausrichtung seiner Küche (rustikal, international, bayerisch) nicht aus dem Auge verlieren. Ebenfalls darf er die Belange der kleinsten Gäste (Kinderteller) wie auch die Erwartungen der Senioren nicht vergessen. Der Koch rechnet sowohl in Liter, Gramm und Kalorien als auch in Euro und

Anteil der Hauptschüler

43 %

Verteilung nach Geschlecht

♂	♀
75,1 %	24,9%

Ausbildungsvergütung in Euro

	alte Länder	neue Länder
1. Jahr	491	364
2. Jahr	556	436
3. Jahr	622	512

Cent – denn nicht nur das Wohlbefinden der Kundschaft, auch die Kasse muss stimmen. Die Hauptaufgabe ist und bleibt jedoch die eigentliche Zubereitung: Die mit viel Sachverstand und Überlegung ausgewählten Produkte müssen „topffertig" gemacht werden. Das bedeutet Gemüse schälen und putzen, Fleisch schneiden und Beilagen wie Klöße, Reis oder Nudeln vorkochen. Nicht zu vergessen sind die abschließenden Arbeitsschritte, denn gute Ware will auch gut präsentiert werden. Der Teller ist das Schaufenster der Küche. Damit es zur Essenszeit in einem Mehr-Mann-Betrieb nicht zu hektisch zugeht, muss jeder in der „Küchenbrigade" präzise und auf die Minute genau arbeiten. Hier ist Teamarbeit kein Schlagwort, sondern täglich Praxis. Alle Arbeitsschritte vom Grillen bis zum Garnieren sind sorgfältig aufeinander abgestimmt.

Dauer und Verlauf der Ausbildung:

Die Ausbildung dauert drei Jahre. Im ersten Jahr sind die Ausbildungsinhalte für alle sechs gastgewerblichen Berufe, auch für die bereits vorgestellte „Fachkraft im Gastgewerbe" (Seite 30), gleich. Die Spezialisierung für den Koch beginnt im zweiten Ausbildungsjahr.

Was sollten Azubis in diesem Beruf mitbringen?

Koch zu sein erfordert körperliche Robustheit: Ständig ist er auf den Beinen – und das oft bei hohen Temperaturen in der Küche. Da kommt man oft auch ins Schwitzen, gerade, wenn schwere Töpfe und Pfannen bewegt werden müssen.

Ohne guten Geruchs- und Geschmackssinn hat man keine Chancen, ein Spitzenkoch zu werden. Damit die Kost nicht eintönig wird, braucht man immer wieder neue Ideen und einen Sinn für Formen und Farben: Das Auge isst schließlich mit!

Mathematische Kenntnisse ergänzen die praktischen Fertigkeiten: Mal ist der Nährwert von Lebensmitteln zu errechnen, mal die Kosten einer Portion vorab zu kalkulieren. Dazu und für die Lagerhaltung muss man in großen Küchen auch mit dem Computer umgehen können.

In Stoßzeiten braucht der Koch gute Nerven – auch wenn trotz mehrerer gleichzeitig vor sich hin köchelnder Gerichte der Gemüseauflauf von Tisch sieben wegen angeblich „halbgaren Lauches" den Rückweg in die Küche antritt, heißt es: Der Kunde ist König!

Und wer regelmäßig um 18 Uhr Feierabend machen möchte, der wird sich mit diesem Beruf vermutlich nicht anfreunden können: Die Arbeit ruht nicht am Abend oder an Feiertagen. Im Gegenteil – bis alles aufgeräumt ist, kann es schon mal 22, 23 Uhr oder auch später werden.

Zukunftschancen

In jeder größeren Hotel- und Restaurantküche gibt es Spezialisten. Je nach Neigung und Fähigkeiten kann sich ein Koch im Laufe der Zeit für einen der folgenden Posten qualifizieren: für den eines Sauciers, eines Rotisseurs, eines Entremetiers, eines Gardemanagers oder eines Patissiers. Der Saucier bereitet Schmorgerichte und Saucen zu. Der Rotisseur ist für Braten und Pfannengerichte zuständig. Der Entremetier liefert die Beilagen. Der Gardemanager regiert nicht Regimenter – sondern die kalte Küche. Der Patissier schließlich ist für das süße Ende der Mahlzeit verantwortlich: Er bereitet Torten, Kuchen und Süßspeisen zu. Eine andere Form der Spezialisierung bietet der Diätkoch oder die Tätigkeit auf Schiffen oder im Catering (zum Beispiel für Fluggesellschaften).

Wer Führungspositionen übernehmen oder gar Chef im eigenen Haus sein möchte, wird üblicherweise dafür die Prüfung zum Küchenmeister ablegen.

Köche können sich auch über Hotelfachschulausbildungen weiterbilden, von denen es derzeit zwei gibt: eine Zweisemestrige mit mehr praktisch orientiertem Unterricht führt zum Titel „Staatlich geprüfter Gastronom", und eine Viersemestrige, die mit theoretisch-kaufmännischem Schwerpunkt zum Abschluss „Staatlich geprüfter Betriebswirt (Fachrichtung Hotel- und Gaststättengewerbe)" führt. Viele Direktoren angesehener Hotels haben ihre Karriere als Koch begonnen.

Ausbildungsplatzsuche

Sie können sich bei der örtlichen Industrie- und Handelskammer nach Ausbildungsbetrieben erkundigen. Im Internet hilft oft der Blick in den Ausbildungsplatz-Informationsservice der Arbeitsagentur unter *www.arbeitsagentur.de*. Oder Sie suchen in den gelben Seiten Ihrer Region nach Gaststätten, Restaurants, Großküchen oder Kantinen von Betrieben und Institutionen und fragen dort nach Ausbildungsplätzen.

Ein Beruf für HauptschülerInnen?

60,3 Prozent der angehenden Konditoren haben die Hauptschule (mit oder ohne Abschluss) besucht. Der Beruf des Bäckers kann für diejenigen eine Alternative sein, die beruflich gerne mit Backwaren zu tun haben möchten, aber sich nicht so sehr für Verzierung und andere gestalterische Tätigkeiten interessieren. 73,9 % der angehenden Bäcker hatten im Jahr 2003 einen Hauptschulabschluss (siehe Seite 12).

Anteil der Hauptschüler

60,3 %

Was machen KonditorInnen?

Milch, Mehl, Butter und Eier rühren und kneten, dann ab damit in den Ofen – und fertig ist der Kuchen? So einfach, wie sich das in Kinderliedern anhört, geht es nicht zu beim Konditor. Was er für Ladenkunden und Cafégäste aus der Backstube hervorzaubert, sind eher süße Kunstwerke: ob Kleingebäck aus Blätter-, Mürbe- und Hefeteig oder Torten aus Wiener Masse, Bisquit-, Sand-, Makronenteig oder Obstkuchen, ganz zu schweigen von verlockendem Naschwerk wie Pralinen, Lebkuchen und Marzipanerzeugnissen. Aber auch eher Herzhaftes gehört zum Angebot, denn Konditoren stellen auch Party-, Salz- und Käsegebäck her. Und, man höre und staune, auch die Zubereitung von kleinen Gerichten ist ihre Aufgabe.

Verteilung nach Geschlecht	
♂	♀
35 %	65 %

Der Aufwand für die Bereithaltung eines solch vielfältigen Angebotes, und das natürlich immer frisch, ist beträchtlich. Zunächst müssen Konditoren ihre Rohstoffe – Eier, Mehl, Butter, Sahne, Zucker, Obst, Gewürze – preiswert einkaufen und anschließend sachgemäß lagern. Dann wie-

Ausbildungsvergütung in Euro		
	alte Länder	neue Länder
1. Jahr	338	271
2. Jahr	369	307
3. Jahr	465	360

gen und mischen sie die Zutaten, genau nach Rezept, das manchmal lange überliefert und quasi geheim ist. Obst muss geschält, Rosinen gewaschen, der Teig gerührt und gebacken werden. Zum Glück erleichtern dabei mittlerweile Rührmaschinen, Marzipanpresse, automatische Backöfen und Tiefgefriereinrichtungen die Arbeit. Trotzdem setzt der Konditor zum Füllen und Garnieren von Backwaren auch heute noch den altbewährten Spritzbeutel, den Pinsel und das Messer ein – und dazu eine Portion Geschick. Beim Rühren von Cremes greift er inzwischen gern zu so genannten Halbfabrikaten wie Zuckerguss, Nougat- und Marzipanrohmasse und Fertigmischungen.

Und natürlich gehört das Verkaufen all dieser Naschwerke auch zum Beruf: Das gilt für die fachliche Beratung an der Verkaufstheke ebenso wie die Bedienung am Tisch.

Dauer und Verlauf der Ausbildung
Die Ausbildung dauert drei Jahre.

Was sollten Lehrlinge in diesem Beruf mitbringen?
Man nehme drei Eier und 200 Gramm Butter... Auf die richtige Mischung kommt es im Konditorberuf wirklich an – und die setzt exaktes Planen und genaues Arbeiten voraus. Der Teig muss zu einer bestimmten Zeit fertig sein, damit der Backofen auch ständig ausgelastet und energiesparend genutzt werden kann. Mit flottem Arbeitstempo sollten Lehrlinge daher rechnen. „Morgenmuffel" gewöhnen sich besser rechtzeitig an die frühen Arbeitszeiten.

Trotz Maschinen und Geräten bleiben die Hände das wichtigste Handwerkszeug des Konditors. Es braucht Fingerspitzen-

Praxisbeispiel Karl G.

Die Hochzeitstorte für seinen Banknachbarn aus der Hauptschule war natürlich Ehrensache: Drei Etagen musste sie haben, viel Marzipan, und natürlich so stabil, dass sie den Transport schadlos übersteht. Obenauf eine möglichst getreue plastische Nachbildung des Brautpaares, alles verziert mit selbst geformten Rosenblüten aus Marzipan – den Lieblingsblumen der Braut.

„ So was kommt natürlich nicht alle Tage vor und da ich hier nicht kalkulieren musste, spielte die Arbeitszeit auch keine Rolle," meint Karl G., Konditorlehrling in Berlin. Aber Auftragsarbeiten unterschiedlichen Umfangs gehören zum Arbeitsgebiet eines jeden guten Konditors. „Aber auch sonst orientieren wir uns natürlich an den Kundenwünschen, die wir ja täglich im Gespräch und am Umsatz der einzelnen Kuchen und Torten merken", ergänzt sein Chef.

gefühl, um eine Verzierung gleichmäßig anzubringen oder eine Torte mit Zuckerguss zu überziehen. Die Tortenmacherkunst erfordert zudem eine gute Gesundheit, etwa um ständige Temperaturschwankungen zwischen Hitze am Backofen und Kälte im Kühlhaus zu verkraften, ebenfalls müssen Geschmacks- und Geruchssinn intakt sein. Und so mancher Wunschkonditor, dessen Haut überempfindlich gegen Mehlstaub ist, sah sich gezwungen, diesen Beruf wieder aufzugeben, weil er sich nicht vorher einem Allergietest unterzogen hatte. Und natürlich gilt für Konditoren das Gebot von Sauberkeit und Hygienebewusstsein, das für alle Lebensmittelberufe selbstverständlich ist.

Zukunftschancen

In großen Betrieben wird sich ein Konditor auf einen Arbeitsbereich spezialisieren müssen. Teigmacher und Anschlagposten kümmern sich um die Zubereitung von Teigen und Backmengen. Backposten bedienen und warten die Backöfen, als Garnierposten oder Tortenposten hat man mit Füllungen und dem Verzieren von Backwaren zu tun.

Wer schon immer eine Neigung zu gekühltem Schlemmen hatte, kann eine Spezialisierung als Eiskonditor ins Auge fassen – und vielleicht ein Eiscafé eröffnen. Wer sich auf diätetische Torten und Backwaren konzentrieren möchte, kann sich auch hierfür weiterbilden.

Nach zwei Berufsjahren besteht die Möglichkeit, eine Ausbildung zum Techniker zu beginnen. Dabei kann man zwischen den beiden Fachrichtungen Bäckereitechnik und Lebensmittelverarbeitungstechnik wählen. Wer sich nach drei bis fünf Jahren zur Konditormeisterprüfung meldet, und diese besteht, der kann vielfältige Führungsaufgaben in Backbetrieben übernehmen: Als Backstubenleiter überwachen Konditοrenmeister die Produktion, als Beratungskonditor informieren sie die Kunden. Manch frisch gebackener Meister macht sich auch selbstständig und eröffnet eine eigene Konditorei. Auch in diesem Gewerbe ist jedoch der „Meister" nicht mehr zwingende Voraussetzung für eine Selbstständigkeit.

Ausbildungsplatzsuche

Sie können sich bei der örtlichen Handwerkskammer nach Betrieben erkundigen, die Konditoren ausbilden. Im Internet hilft oft der Blick in den Ausbildungsplatz-Informationsservice der Arbeitsagentur unter *www.arbeitsagentur.de*. Oder Sie suchen in den gelben Seiten Ihrer Region nach Betrieben aus dem Konditorengewerbe und fragen dort nach Ausbildungsplätzen.

Konstruktionsmechaniker/
Konstruktionsmechanikerin

NEU

Anteil der Hauptschüler

37,7 %

Verteilung nach Geschlecht

♂	♀
98,2 %	1,8 %

Ausbildungsvergütung in Euro

	alte Länder	neue Länder
1. Jahr	676	649
2. Jahr	716	694
3. Jahr	770	748
4. Jahr	819	786

Ein Beruf für HauptschülerInnen

37,7 Prozent der angehenden Konstruktionsmechaniker haben die Hauptschule (mit oder ohne Abschluss) besucht. Dieser Ausbildungsberuf entstand 1987 mit damals vier Fachrichtungen und ist zum 1. August 2004 zusammen mit anderen Berufen der Metallindustrie an die seitdem vollzogenen Veränderungen in Technik und Arbeitsorganisation angepasst worden. Ein weiterer Beruf der Metallindustrie mit hohem Anteil von Hauptschülern ist auf Seite 107 (Zerspanungsmechaniker) beschrieben. In diesem Band sind ebenfalls kürzlich modernisierte, metalltechnische Handwerksberufe mit hohem Hauptschüleranteil enthalten: (Metallbauer, Seite 88, KFZ-Mechatroniker, Seite 76, Feinwerkmechaniker, Seite 37 und Zweiradmechaniker, Seite 112).

Was machen KonstruktionsmechanikerInnen?

Konstruktionsmechaniker sind Metallfacharbeiter in der Industrie. Vor ihren beruflichen Erfolg haben die Götter manchmal auch den Schweiß, auf jeden Fall aber die Planung anhand von technischen Unterlagen gesetzt. Gekennzeichnet ist ihre Tätigkeit durch die Herstellung von Bauteilen oder Baugruppen aus Blechen oder Profilen, durch die Fertigung und Montage von Stahlbauteilen und durch Schweißen. Und natürlich führen sie auch die geeigneten Prüfverfahren und Wartungsarbeiten durch. Sie sind oft für das Grobe und Schwere zuständig, aber auch für Millimeterarbeit. Und vor allem muss die Organisation der Abläufe stimmen.

Ab 2004 wird in diesem Beruf nicht mehr nach Fachrichtungen unterschieden. Die Berufsbefähigung zeichnet sich durch eine breite Aufgabenintegration und weit reichende Selbstorganisation aus. Hierzu gehören die Prozessorientierung, verantwortliches Handeln im Rahmen des betrieblichen Qualitätsmanagements, mehr eigenverantwortliche Dispositions- und Terminverantwortung, Kundenorientierung (insbesondere mit internen Kunden) sowie das Anwenden englischer Fachbegriffe in der Kommunikation.

Dennoch findet natürlich schon in der Ausbildung eine Spezialisierung innerhalb der möglichen Einsatzgebiete statt:

In der **Feinblechbautechnik** stellen sie im Allgemeinen Bauteile aus Fein- und Mittelblechen, Rohren oder Profilen nach Unterlagen und Anweisungen her. Diese bauen sie dann unter anderem zu Verkleidungen, Blechkanälen, Be- und Entlüftungsschächten, aber auch Karosserien und Karosserieteilen in Handarbeit oder durch maschinelle Fertigungsverfahren zusammen.

In der **Ausrüstungstechnik** stellen sie große Bauteile oder Halbzeuge wie Bleche und Profile aus Stahl, Kunststoffen oder Nichteisenmetallen her. Diese Spezialisten fertigen, montieren und warten beispielsweise Schutzgitter, Verkleidungen, Treppen, Türen, Transport- und Verladeanlagen, kurz: alle Fördereinrichtungen und Bauausrüstungen aus den beschriebenen Materialien.

In Betrieben, in denen die **Metall- und Schiffbautechnik** im Vordergrund steht, werden große Bauteile aus Stahl und Nichtmetallen hergestellt – allerdings solche, die im Verbund einmal die Weltmeere durchpflügen sollen. Diese Spezialisten bauen also Schiffe. Dazu setzen sie Konstruktionszeichnungen auf den Maßstab 1:1

um, reißen die Schnittstelle mit Schweißbrenner, Presse, Biegemaschine und Spezialschere an und heften die fertigen Platten zu Sektionen zusammen. Rumpf, Böden, Deck und Aufbauten baut man – natürlich zusammen mit Kollegen – anschließend zu einem fertigen Schiff zusammen!

In der **Schweißtechnik** verbinden („fügen") Konstruktionsmechaniker Metallteile durch unterschiedliche Schweißtechniken. Typische Beispiele von Metallkonstruktionen, die in das Aufgabengebiet dieser Fachleute fallen, sind Brücken, Kräne, Gerüste oder Stahlhochbauten. Bevor es an die eigentliche Arbeit geht, müssen diese Konstruktionsmechaniker „ihre" Bauteile durch Sägen, Biegen oder Richten zum Schweißen vorbereiten. Da heißt es auch, Schweißpläne und technische Zeichnungen zu studieren.

Dauer und Verlauf der Ausbildung:

Die Ausbildung dauert dreieinhalb Jahre. Es wird eine „Gestreckte Abschlussprüfung" absolviert, d.h., die Zwischenprüfung wird als Teil 1 der Abschlussprüfung gewertet.

Was sollten Azubis in diesem Beruf mitbringen?

Technisches Verständnis und räumliches Vorstellungsvermögen sind wichtig, um Konstruktionspläne lesen und verstehen zu können. Dank moderner Maschinen ist die Arbeit heute nicht mehr so anstrengend wie früher, eine robuste Gesundheit brauchen jedoch besonders Mechaniker in der Metall- und Schiffbautechnik auch heute: Ihre Tätigkeit spielt sich überwiegend auf Großbaustellen ab.

Schweißtechniker brauchen vor allem eine ruhige Hand, um die abschmelzenden Elektroden ruhig und im richtigen Winkel zur Schweißnaht zu halten und auf der Schweißnaht gleichbleibend weiterzubewegen.

Eines ist Konstruktionsmechanikern aller Fachrichtungen dann wieder gemeinsam: Für Montage, Umbauten und Instandhaltungen brauchen sie Hand- und Fingergeschick.

Zukunftschancen

Konstruktionsmechaniker, die sich schon in der Ausbildung mehr der Ausrüstungstechnik zugewandt haben, können sich mit Kursen über Schmierungstechnik in Hydraulik- und Pneumatikanlagen, Schweißtechnik oder technische Mechanik weiterbilden. Interessant ist vielleicht auch der Einsatz im Ausland, sei es bei der „Vor-Ort-Montage" oder bei Instandhaltungsarbeiten.

Mit entsprechender Berufserfahrung in der Feinblechbautechnik können Konstruktionsmechaniker als Gruppenführer oder Vorarbeiter, als Maschinen- oder Anlagenführer Verantwortung übernehmen.

Konstruktionsmechaniker, die sich mehr der Schweißtechnik verschrieben haben, können als Schweißfachmann eine Montagekolonne beaufsichtigen, als Lehrschweißer in ihrem Fachgebiet ausbilden oder als „Schweißaufsichtsperson mit speziellen technischen Kenntnissen" eingesetzt werden. Sie entscheiden und koordinieren qualitätssichernde Maßnahmen beim Planen, Ausführen und Überwachen geschweißter Bauteile.

Metall- und Schiffbautechniker können mit einiger Berufserfahrung als Gruppenführer, als Vorarbeiter von Arbeitsgruppen, als Maschinen- oder Anlagenführer, als Prüfer oder im Bereich der Arbeitsvorbereitung tätig werden.

Konstruktionsmechaniker können sich mit einigen Jahren Berufserfahrung und durch den Besuch eines Lehrganges zum Industriemeister – Metall weiterbilden oder nach dem Besuch einer Fachschule für Techniker den Abschluss als „Staatlich geprüfter Techniker" erwerben.

Ausbildungsplatzsuche

Sie können sich bei der örtlichen Industrie- und Handelskammer (Bereiche Schweißtechnik, Metall- und Schiffbautechnik, Ausrüstungstechnik) oder Handwerkskammer (Bereich Feinblechbautechnik) nach Ausbildungsbetrieben erkundigen. Im Internet hilft oft der Blick in den Ausbildungsplatz-Informationsservice der Arbeitsagentur unter *www.arbeitsagentur.de.* Oder Sie suchen in den gelben Seiten Ihrer Region nach Betrieben aus der Metallindustrie und fragen dort nach Ausbildungsplätzen.

Ein Beruf für HauptschülerInnen

46,7 Prozent der angehenden Kraftfahrzeugmechatroniker haben die Hauptschule (mit oder ohne Abschluss) besucht. Wer sich unter einem fahrzeugtechnischen Beruf auch etwas anderes vorstellen kann als die Reparatur von Autos, für den kommt möglicherweise eine Spezialisierung auf Landmaschinen und -geräte wie Mähdrescher oder Traktoren infrage, also eine Ausbildung als Mechaniker für Landmaschinentechnik. Aber auch andere fahrzeugtechnische Berufe, die 2003 modernisiert wurden, dürften einen hohen Anteil an Hauptschülern haben (Fahrzeuginnenausstatter, Mechaniker für Karosserieinstandhaltungstechnik, Karosserie- und Fahrzeugbaumechaniker, Fahrzeuglackierer – siehe Übersicht, Seite 116). Zum ebenfalls neu geordneten Zweiradmechaniker finden Sie Näheres auf Seite 112.

Was machen KraftfahrzeugmechatronikerInnen?

Moderne Fahrzeuge haben heute nicht nur viele PS, sondern noch mehr Bits und Bytes: Motormanagement, Lenksystem, Fahrwerk, Getriebe und nicht zuletzt die Kommunikationstechnik lassen eine Trennung in Mechanik und Elektrik/Steuerungstechnik nicht mehr zu, wie sie in den „alten" Berufen geregelt war.

Computergestützte Diagnose und Fahrzeugeinstellung sind selbstverständlich geworden. Das Verständnis der verschiedenen Systeme und ihres Zusammenspiels ist Voraussetzung dafür, einen routinemäßigen Fahrzeugcheck zu machen,

Anteil der Hauptschüler

46,7 %

Verteilung nach Geschlecht

98,0 % | 2,0 %

Ausbildungsvergütung in Euro

	alte Länder Handwerk	alte Länder Industrie	neue Länder Industrie und Handwerk
1. Jahr	501	581	374
2. Jahr	535	613	423
3. Jahr	592	664	471
4. Jahr	640	713	513

oder die Ursache für einen Funktionsfehler aufzuspüren.

In der täglichen Arbeit sind jedoch auch Baugruppen und Bauteile zu montieren, wenn der Kunde entsprechende Sonderwünsche hat. Dabei sind selbstverständlich streng die straßenverkehrsrechtlichen Vorschriften zu beachten, damit nicht die Betriebsgenehmigung erlischt.

Um Kundenwünschen optimal gerecht zu werden, kommunizieren Kraftfahrzeugmechatroniker direkt mit den Kunden, sie beraten fachmännisch und nutzen dazu die Möglichkeiten von Informationssystemen.

Zu Reparatur und Instandhaltung gehört natürlich nach wie vor der Umgang mit Ersatzteilen – etwa einem Auspufftopf –, größere Karosseriearbeiten nach einem Unfall gehören jedoch eher in die Hände der oben erwähnte Karosserieberufe.

Dauer und Verlauf der Ausbildung:
Die Ausbildung dauert dreieinhalb Jahre. Innerhalb der Ausbildung erfolgt eine Schwerpunktsetzung auf Personenkraftwagentechnik, Nutzfahrzeugtechnik, Motorradtechnik öder Fahrzeugkommunikationstechnik.

Was sollten Lehrlinge in diesem Beruf mitbringen?
Es spricht nicht gerade für eine Kraftfahrzeugreparaturwerkstatt, wenn nach einem Routinecheck die Leerlaufdrehzahl hörbar falsch ist. Auf das verlässliche Abarbeiten von Checklisten hat der Kunde nicht nur einen Anspruch, nein es ist auch hinsichtlich der Verkehrssicherheit der Fahrzeuge unerlässlich. Von daher sind Zuverlässigkeit und Genauigkeit bei den Kfz-Profis gefragte Eigenschaften.

Praxisbeispiel

Jennifer Grahn

„Zu dem Beruf bin ich gekommen, weil mein Vater gesagt hat, ich soll mich bei VW bewerben, wo er selbst arbeitet. Zuerst habe ich gedacht, dass das gar nichts für mich ist, weil es ein reiner Jungenberuf ist. Aber dann habe ich schnell gemerkt, dass ich auch mit dem Werkzeug umgehen kann.

Im ersten Lehrjahr haben wir sehr viel Werkstücke angefertigt, also zum Beispiel auch gefeilt. Im zweiten Jahr haben wir alle möglichen Sachen am Auto gemacht, also z.B. Öl, Zahnriemen, Dichtungen gewechselt. Mehr und mehr ist aber die Elektronik dazu gekommen, erst einfache Spannungsmessungen, aber jetzt arbeite ich fast nur noch mit elektronischen Messgeräten. Im Auto sind ja heute ganz viele kleine Steuerungseinheiten, die nur funktionieren, wenn sie auch miteinander kommunizieren können. Da müssen über das Testgerät die richtigen Werte eingegeben werden – sonst läuft da nichts.

Wenn ich mit der Lehre fertig bin, will ich erst mal zwei Jahre als Gesellin arbeiten und dann technische Betriebswirtin werden. Mal sehen, wie es dann weiter geht. "

Kraftfahrzeugmechatroniker arbeiten häufig im Bücken, Hocken oder Liegen etc. Obwohl Maschinen heute die Arbeit erleichtern, muss der Kfz-Fachmann gelegentlich auch zupacken können – aber: Entgegen vielleicht anders lautenden Vorstellungen bei dem einen oder anderen ist die Arbeit bei durchschnittlicher, gesunder Körperkraft auch von Frauen zu leisten!

Schmutz, Lärm und Abgasbelastungen sind in den Werkstätten nicht zu vermeiden – wer sich die „Hände nicht schmutzig machen" will und den Gedanken an Ölflecken auf dem „Blaumann" nicht erträgt, der ist in diesem Beruf falsch.

Zukunftschancen

Die oben erwähnte Schwerpunktsetzung, die schon innerhalb der Ausbildung eine Rolle spielt, setzt sich nach deren Ende fort: Je nach Größe und Spezialisierung der Werkstatt konzentrieren sich Kraftfahrzeugmechatroniker auf bestimmte Fahrzeugtypen oder Systeme – ohne dabei jedoch den „Blick auf das Ganze" zu verlieren.

In größeren Betrieben des Handwerks oder der Industrie bestehen Aufstiegsmöglichkeiten zum Gruppenleiter, Werkstattleiter etc. wofür häufig die Weiterbildung zum Kraftfahrzeugtechnikermeister vorausgesetzt wird. Mit dem Meisterbrief, für den die abgeschlossene Ausbildung vorausgesetzt wird, besteht auch die Möglichkeit zur Eröffnung einer eigenen Werkstatt. Aber auch Altgesellen können sich selbstständig machen, allerdings erst nach sechs Berufsjahren (davon vier in leitender Funktion) und mit dem Nachweis der entsprechenden betriebswirtschaftlichen Kenntnissen.

Auch die Qualifizierung zum „Staatlich geprüften Techniker" ist mit Ausbildung und Berufserfahrung möglich. Sie wird eher in Frage kommen, wenn eine Tätigkeit in der Automobilindustrie oder der spätere Erwerb weiterführender Schulabschlüsse angestrebt wird.

Ausbildungsplatzsuche

Sie können sich bei der örtlichen Handwerkskammer oder Innung bzw. Industrie- und Handelskammer nach Ausbildungsbetrieben erkundigen. Im Internet hilft oft der Blick in den Ausbildungsplatz-Informationsservice der Arbeitsagentur unter *www.arbeitsagentur.de*. Oder Sie suchen in den gelben Seiten Ihrer Region nach Kraftfahrzeug-Werkstätten und fragen dort nach Lehrstellen. Denken Sie bei der Ausbildungsplatzsuche auch an die anderen fahrzeugtechnischen Ausbildungsberufe und erkundigen sich nach entsprechenden Alternativen.

> **Tipp**
> Auf Seite 116 finden Sie eine Übersicht zu fahrzeugtechnischen Berufen. Darunter sind eine ganze Reihe von Alternativen zu dem hier besprochenen Ausbildungsberuf.

Landwirt/Landwirtin

Ein Beruf für HauptschülerInnen

34,7 Prozent der angehenden Landwirte haben die Hauptschule (mit oder ohne Abschluss) besucht. Wer weniger mit Tierzucht und Ackerbau zu tun haben möchte, aber sein „Händchen" für Technik gern speziell an landwirtschaftlichen Geräten und Maschinen erproben möchte, kann auch die Ausbildung zum Mechaniker für Landmaschinentechnik (siehe Übersicht, Seite 116) in Betracht ziehen.

Was machen Landwirte/Landwirtinnen?

Zufriedene Kühe auf der Weide, glückliche Hähne auf dem Mist: Solche Anblicke entzücken und lassen Fotoapparate klicken. Für den Landwirt ist all das allerdings weniger idyllisch, denn er ist (mit)verantwortlich für das reibungslose Funktionieren eines Agrarunternehmens. Frühmorgens schon füttert er die Tiere und melkt die Kühe maschinell. Er pflügt die Äcker, bereitet sie auf die Einsaat vor oder bringt das Saatgut aus. Je nach Jahreszeit und Spezialisierung des Betriebes sät er jetzt Mais oder Getreide, oder er steckt Kartoffeln oder Rüben. Natürlich alles maschinell, denn mit Handarbeit kommt der moderne Landwirt auf keinen grünen Zweig mehr. „Nebenbei" läuft natürlich immer die Arbeit im Stall, denn die Tiere müssen regelmäßig gefüttert und gepflegt werden, und mit dem abendlichen Melken ist nicht immer Feierabend.

Der Landwirt muss Dünge- und Pflanzenschutzmittel zum richtigen Zeitpunkt und in der richtigen Dosierung (Umweltschutz!) aufs Feld bringen und sich um die Ernte kümmern. Doch damit ist sein Alltag noch lange nicht vorbei: Das Erntegut muss ja auch weiter versorgt werden. Er lagert Getreide in der Scheune ein, stapelt Heu und Stroh, siliert Mais und Grünfutter – und weil Arbeitstage selten nach Plan verlaufen,

Anteil der Hauptschüler

34,7 %

Verteilung nach Geschlecht

♂	♀
90,9 %	9,1 %

Ausbildungsvergütung in Euro

	alte Länder	neue Länder
1. Jahr	485	442
2. Jahr	525	477
3. Jahr	576	524

kalbt unter Umständen zwischenzeitlich noch eine Kuh oder der Traktor streikt (Letzteres wäre ein Fall für den Mechaniker für Landmaschinentechnik, s. Übersicht, Seite 116). Außerdem müssen die Ställe gereinigt, neues Saatgut eingekauft und Geräte gepflegt werden.

Dauer und Verlauf der Ausbildung:
Die Ausbildung dauert drei Jahre.

Was sollten Azubis in diesem Beruf mitbringen?
Notorische Langschläfer sollten sich die Wahl dieses Berufes gut überlegen: In landwirtschaftlichen Betrieben gibt es schon frühmorgens allerhand zu tun. Auch am Sonntag ist nichts drin mit dem länger Schlafen: Die Tiere wollen auch am Wochenende und feiertags gefüttert und versorgt sein. Und wenn in der Erntezeit die tägliche Arbeitszeit den Achtstundentag deutlich übersteigt oder mitten in der Nacht ein Tier zur Welt kommt, dann kennt der Landwirt keinen Feierabend – dann muss er ran. Ausmisten, Güllefahren oder Tiergeburtshilfe fällt nicht täglich an, aber auch darauf muss man sich einstellen. Wichtig sind auch Wirtschaftskenntnisse (Kalkulationen), da moderne Bauernhöfe nach betriebswirtschaftlichen Kriterien – also wie Unternehmen – geführt werden, dazu gehört auch, dass sich der Landwirt um den Verkauf seiner Produkte kümmert.

Zukunftschancen
Milchviehhaltung, Schweine- oder Rinderaufzucht, Getreide- oder Rübenanbau: Die Frage, auf welches Erzeugnis sich ein Landwirt spezialisiert, hängt wesentlich von natürlichen Gegebenheiten wie der Bodenbeschaffenheit und der Nachfrage auf dem Markt ab.

Weiterbildungslehrgänge informieren beispielsweise über umweltschonende Düngung, Schlachtviehhaltung oder den rationellen Einsatz von Erntemaschinen.

Mit mehrjähriger Berufserfahrung und dem Besuch einer Fachschule kann der Landwirt die Abschlüsse „Staatlich geprüfter Agrartechniker oder „Staatlich geprüfter Agrartechniker für den Landbau" erwerben. Auch die zunehmende Diskussion über nachhaltige Landwirtschaft, Landschaftsschutz oder Ökotourismus bietet Entwicklungschancen. Natürlich gibt es auch die Möglichkeit, den Meisterbrief mit dem Titel Landwirtschaftsmeister zu erwerben.

Ausbildungsplatzsuche
Sie können sich bei der örtlichen Landwirtschaftskammer nach Ausbildungsbetrieben erkundigen. Im Internet hilft oft der Blick in den Ausbildungsplatz-Informationsservice der Arbeitsagentur unter *www.arbeitsagentur.de*. Oder Sie suchen in den gelben Seiten Ihrer Region nach landwirtschaftlichen Betrieben und fragen dort nach Ausbildungsplätzen.

Weitere Berufe in der Landwirtschaft
Andere Ausbildungsberufe des Pflanzenbaus sind Winzer (33,5 % Hauptschüler) und Gärtner (siehe Seite 53).

Wer eher am Umgang mit Tieren interessiert ist, sollte an die Ausbildungsberufe Tierwirt (45,7 % Hauptschüler) und Fischwirt (50,8 % Hauptschüler) denken.

Die in diesem Band nicht näher vorgestellten Berufe haben allerdings eine deutlich geringere Zahl von Ausbildungsplätzen und werden zudem teilweise nur in bestimmten Regionen angeboten, die die dafür erforderlichen Bedingungen bieten (z. B. Weinbaugebiete).

Maler/-in und Lackierer/-in

Bauten- und Objektbeschichter/-in

Ein Beruf für HauptschülerInnen?

74,6 Prozent der angehenden Maler und Lackierer haben die Hauptschule (mit oder ohne Abschluss) besucht. Seit 2003 gibt es eine so genannte Stufenausbildung, man kann seitdem bereits nach zwei Jahren die Abschlussprüfung zum Bauten- und Objektbeschichter ablegen. Für die Fahrzeugtechnik gibt es seitdem auch den eigenständigen Beruf Fahrzeug-lackierer. Wer's mehr mit der Theorie hat, für den kommt vielleicht auch eine Ausbildung zum Lacklaboranten in Betracht. Auch der neue Ausbildungsberuf „Verfahrensmechaniker für Beschichtungstechnik" ist mit dem Maler verwandt.

Anteil der Hauptschüler

74,6 %

Was machen Bauten- und ObjektbeschichterInnen?

Was Bauten- und Objektbeschichter können, wird einem vielfach erst bewusst, wenn der heimische Tapetenwechsel nach der Methode „Selbst ist der Mann" das erste Mal so richtig schief gegangen ist. Denn der Fachmann meistert diese Situation ohne Probleme. Diese Fachleute schützen, verschönern und kennzeichnen mit fachkundigen Pinselstrichen, vornehmlich an oder in Gebäuden. Auch Reparaturarbeiten gehören zum Berufsbild, ebenso Putz-, Dämm- und Trockenbauarbeiten. Selbst das Verlegen von Decken-, Wand- und Bodenbelägen gehört zum Aufgabenkatalog. Eine wohnliche Note erhält ein Raum erst durch eine individuelle Tapete. Hierfür werden Tapetenbahnen fachgerecht zugeschnitten, damit die Muster nahtlos ineinander übergehen, danach

Verteilung nach Geschlecht

91 %	9 %

Ausbildungsvergütung in Euro		
	alte Länder	neue Länder
1. Jahr	428	392
2. Jahr	467	428
3. Jahr	604	554

gekleistert und anschließend fachmännisch an die Wände geklebt. Hierbei zeigt sich dann der wahre Spezialist, denn auch schiefe und krumme Wände müssen in Form gebracht werden.

Zur fachgerechten Arbeit gehört natürlich auch die Kenntnis der chemischen und physikalischen Eigenschaften von Untergründen, Farben und Lacken – nicht alle Materialien vertragen sich.

Was machen MalerInnen und LackiererInnen zusätzlich?

Wer nach der erfolgreichen Abschlussprüfung zum Bauten- und Objektbeschichter weiter lernen möchte, für den gilt die abgelegte Prüfung schon als Zwischenprüfung für den Berufsabschluss Maler und Lackierer.

Hier gibt es nun eine Spezialisierung in einer von drei Fachrichtungen:

In der Fachrichtung **Gestaltung und Instandhaltung** geht es um vertiefte Kenntnisse für das Ansetzen und Mischen der richtigen Farben. Damit werden Schriften und Schilder gestaltet, ebenso aber auch Ausstellungsgegenstände, Räume und ganze Fassaden. Auch bei Decken-, Wand- und Bodenbelägen gibt es noch Tricks und Erfahrungen, die man nicht alle in den ersten beiden Ausbildungsjahren mitbekommt.

Fachleute der Fachrichtung **Kirchenmalerei und Denkmalpflege** renovieren alle Arten von Altbauten – natürlich bevorzugt solche, die unter Denkmalschutz stehen. Gerade bei alten Kirchenbauten sind Kenntnisse der verschiedenen Stilepochen der Vergangenheit vonnöten, wenn beispielsweise Ornamente oder Fresken dem Original möglichst nahe kommen sollen.

In der Fachrichtung **Bauten- und Korrosionsschutz** steht die Bauwerkserhaltung im Vordergrund. Bauwerke und Konstruktionen müssen geschützt werden, z.B. vor Rost oder dem Eindringen schädigender Substanzen. Neben diesem Korrosions- oder Betonschutz werden auch Abdichtungs- und Brandschutzmaßnahmen ergriffen. Selbst die Fahrbahnmarkierungen auf Straßen und Autobahnen gehören zum Tätigkeitsfeld dieser Fachleute.

Dauer und Verlauf der Ausbildung:

Die Ausbildung dauert für beide Stufen zusammen 3 Jahre. Nach der zweijährigen ersten Stufe erfolgt bereits ein beruflicher Abschluss.

Was sollten Lehrlinge in diesem Beruf mitbringen?

Für beide Stufen der Ausbildung braucht man praktische Begabung und eine Fingerfertigkeit für handwerkliche Tätigkeiten mit Mal- und Schriftpinseln.

Lehrlinge sollten in diesem Beruf durchschnittliche Kenntnisse in der Dreisatz- und Prozentrechnung haben. Diese Rechenarten sind für Flächen-, Raum- und Materialberechnungen wichtig. Für das Verständnis von Anwendungsvorschriften (etwa von Farben und Lacken) ist eine ausreichende Lesefertigkeit vonnöten. Naturwissenschaftliche Grundkenntnisse sind für Ausbildungsinhalte aus Chemie und Physik hilfreich – aber keine Angst: Der Doktortitel wird nicht verlangt! Da viele Aufträge im Privatbereich von Kunden durchgeführt werden, spielen Kontaktfähigkeit und Kundenorientierung (z.B. Sauberkeit der Baustelle), aber auch Kundenberatung (Materialauswahl, Farbberatung) eine wichtige Rolle. Dass Maler und Lackierer keine Farbfehlsichtigkeit haben dürfen – also Farben einwandfrei erkennen können – versteht sich von selbst. Und noch was: Umweltschutz wird in diesem Beruf Tag für Tag praktiziert, deshalb muss hierfür ein ausgeprägtes Verständnis vorhanden sein. Wer zu Allergien neigt, sollte sich beraten lassen, ob er diesen Beruf dauerhaft ausüben kann.

Zukunftschancen

Freies Zeichnen, Entwickeln von Ornamenten und Schmuckformen, oder auch Tapezier-, Klebe- und Spanntechniken: All dies sind Spezialisierungsmöglichkeiten. Insbesondere die Fachrichtungen im dritten Ausbildungsjahr weisen auf weitere Vertiefungen hin.

Wer beruflich weiterkommen will, wird zuerst an den Handwerksmeistertitel denken, mit dem er sich auch selbstständig machen kann. Altgesellen brauchen dafür länger: Sie können sich erst nach sechs Berufsjahren (davon vier in leitender Funktion) selbstständig machen, sofern sie die entsprechenden betriebswirtschaftlichen Kenntnisse nachweisen können. Eine andere Möglichkeit: die Technikerausbildung in der Fachrichtung Farb- und Lacktechnik, die auf anspruchsvolle technische Tätigkeiten und Führungsaufgaben vorbereitet.

Ausbildungsplatzsuche

Sie können sich bei der örtlichen Handwerkskammer nach Betrieben erkundigen, die in den Schwerpunkten Maler oder Fahrzeuglackierer ausbilden. Im Internet hilft oft der Blick in den Ausbildungsplatz-Informations-Service der Arbeitsagentur unter *www.arbeitsagentur.de.* Oder Sie suchen in den gelben Seiten Ihrer Region nach Betrieben aus dem Baugewerbe, da die Tätigkeit meist auf Baustellen ausgeübt wird. Dort fragen Sie dann nach Ausbildungsstellen.

Maurer/Maurerin

Ein Beruf für HauptschülerInnen?

66 Prozent der angehenden Maurer haben die Hauptschule (mit oder ohne Abschluss) besucht. Wer einen Beruf in der Baubranche anstrebt und dabei ebenfalls mit Stein, Mörtel und Zement umgehen möchte, für den stehen auch Berufe des Tiefbaus (z. B. Straßenbauer, (Seite 91), Brunnenbauer, Spezialtiefbauer) zur Verfügung. Der Maurerberuf setzt als zweite Stufe auf dem Hochbaufacharbeiter auf. Eine Übersicht zu den Bauberufen finden Sie auf Seite 115.

Was machen MaurerInnen?

Auf Baustellen im Wohnungsbau und in der Industrie liefe ohne Maurer gar nichts. Unter den Profis am Bau sind sie die Fachleute fürs „Substanzielle": Maurer erstellen Fundamente und errichten die Wände der Kellergeschosse. Darauf folgen meist Fertigteile für die Kellerdecken, die mit schweren Spezialtransportern herbeigeschafft werden. Nun folgt Etage für Etage – keine von ihnen würde ohne den Maurer in den Himmel wachsen: Sie hantieren mit Kellen, Hämmern, mit Schaufeln und verschiedenen Baugeräten. Was aus der Ferne verwirrend aussieht, hat System: Weil dem Ganzen ein genauer Plan zugrunde liegt, dürfen Wasserwaage, Lot und Meterstab nicht zu kurz kommen. Mauerlöcher für Fenster werden ausgespart, Rollladenkästen gleich miteingebaut. Zwischendecken und Balkons stellen die Maurer wiederum meist aus Stahlbeton her. Ein Baukran sorgt in luftiger Höhe für den Nachschub von Beton, der fertig geliefert wird. Bald

Anteil der Hauptschüler

66 %

Verteilung nach Geschlecht

♂	♀
99,7 %	0,3 %

Ausbildungsvergütung in Euro

	alte Länder	neue Länder
1. Jahr	554	490
2. Jahr	860	684
3. Jahr	1086	864

Praxisbeispiel

Mark Kanow

*Mark Kanow ist im ersten Ausbildungs-
jahr zum Maurer bei der M. Kuck Bau-
unternehmung GmbH in Lübeck. Die
Wahl des Berufes lag für den Siebzehnjährigen nahe: „Mein Onkel ist Maurer,
mein Opa war es auch. Das hatte hand-
feste Vorteile: Beim Bau des Hauses
meiner Eltern konnte ich tatkräftig mit-
helfen."*

*Ein wichtiger Teil der Ausbildung ist
auch die Zusammenarbeit mit dem
Kranführer: „Wenn wir in der Höhe
bauen, transportieren wir den Beton in
einem Kübel mit dem Kran nach oben.
Wenn der Mischer den Kübel gefüllt
hat, schaue ich nach, ob genug Beton
drin ist und ob der flüssig genug ist –
und dann geht´s aufwärts." Mit einem
Vorurteil möchte Kanow gern aufräu-
men: „Der Maurerberuf ist nicht etwas,
wofür man ein Muskelprotz sein müsste."
Aber vier oder fünf Backsteine auf
einmal zu tragen, das
sollte schon drin sein.*

werden die Blaumänner (oft auch im wei-
ßen Arbeitsanzug) mit Kelle und Mörtel die
letzte Giebelwand hochgezogen haben –
bald danach ist schon Richtfest.

Schließlich gehören auch noch Innen-
und Außenverputz zu ihren Aufgaben. Anspruchsvolle zusätzliche Tätigkeiten sind
die Herstellung von Treppen, Bögen oder
Pfeilern, die Verwendung von Naturstein-
mauerwerk oder Verblendern sowie die
Bauwerksabdichtung gegen Wasser oder
die Wärmedämmung.

Dauer und Verlauf der Ausbildung:

Die Ausbildung zum Maurer dauert drei
Jahre, von denen meist größere Teile auf
einem Lehrbauhof gemeinsam mit Lehrlingen anderer Bauberufe absolviert werden.
Nach zwei Jahren erwerben die Jungmau-
rer einen ersten berufsqualifizierenden Abschluss – den des Hochbaufacharbeiters
der Fachrichtung Maurerarbeiten. Nach einem weiteren, dritten Lehrjahr folgt eine
zweite Prüfung, die zu einem zweiten Abschluss führt – zum Maurer.

**Was sollten Lehrlinge in diesem
Beruf mitbringen?**

Am Bau ist es nie langweilig: Maurer lassen Bauwerke emporwachsen, von denen
keines dem anderen gleicht, und das an
ständig wechselnden Orten. Für die
Schwerarbeit am Bau gibt es heute Maschinen, zum Beispiel Kräne, Hublader,
Betonmischer, -pumpen und -rüttler. Aber:
Nach wie vor müssen Maurer Stein auf
Stein setzen, und das verlangt Kraft.

Außerdem bringt die Technik am Bau nicht nur Arbeitserleichterungen mit sich, sondern auch neue Anforderungen. Nur Maurer mit technischem Verständnis können Maschinen richtig bedienen, Pläne lesen und moderne Bauverfahren sachgerecht anwenden.

Nicht umsonst tragen Maurer am Bau immer einen Helm, auf Baustellen besteht Unfallgefahr! Maurer sollten deshalb umsichtig und sicherheitsbewusst sein. Wem leicht schwindelig wird, der ist für das Klettern auf Gerüsten und Mauerkronen wenig geeignet.

Teamfähigkeit wird am Bau groß geschrieben: Maurer arbeiten meist mit Kollegen ihres eigenen Handwerks und anderer Bauberufe zusammen. Damit „die Chemie stimmt", braucht es da Rücksichtnahme und Verlässlichkeit.

Zukunftschancen

Wer nicht nur die Stufen selbst gemauerter Treppen, sondern auch die Sprossen der Karriereleiter erklimmen möchte, hat vielfältige Möglichkeiten. Da bietet sich zunächst die Tätigkeit als Vorarbeiter an: Gesellen mit ausreichender Berufserfahrung leiten eine kleine Gruppe von Arbeitern und werden bei schwierigen Aufgaben eingesetzt. Wer sich als Vorarbeiter bewährt, kann die nächste Sprosse anvisieren: Hier wartet die Arbeit als Werkpolier. Wer jetzt noch keine Schwindelgefühle hat, kann geprüfter Polier werden und Baustellen in eigener Verantwortung leiten. Wenn dieser nicht gerade die Fortschritte am Bau auf ihre Qualität prüft und mit gesetzten Terminen vergleicht, dann sitzt er in seiner „Bude", dem Baubüro, und rechnet ab – nicht mit Kollegen, sondern die Betriebskosten. Oder er führt das Tagebuch, verhandelt mit Architekten, Handwerkern und Bauherren.

Auch die Meisterprüfung ist möglich und eröffnet die Möglichkeit, sich sehr schnell nach erfolgreicher Ausbildung im Handwerk selbstständig zu machen. Altgesellen brauchen dafür länger: Sie können sich erst nach sechs Berufsjahren (davon vier in leitender Funktion) selbstständig machen, sofern sie die entsprechenden betriebswirtschaftlichen Kenntnisse nachweisen können.

Aber auch Maurern, die keine Führungspositionen anstreben, bieten sich eine Fülle von Spezialisierungsmöglichkeiten, etwa als Baumaschinenführer, Fachkräfte für Umweltschutz oder als Restauratoren im Mauerwerksbau. Gerade in der Erhaltung alter Bauwerke werden Spezialisten gesucht, die sich mit früher eingesetzten Materialien und Techniken auskennen. Manches davon wird neuerdings auch wieder von Bauherren gefragt – wie etwa der Lehmbau oder Wärmedämmungen auf pflanzlicher Basis.

Ausbildungsplatzsuche

Sie können sich bei der örtlichen Handwerkskammer und der Industrie- und Handelskammer nach Betrieben erkundigen, die Maurer ausbilden. Im Internet hilft oft der Blick in den Ausbildungsplatz-Informationsservice der Arbeitsagentur unter *www.arbeitsagentur.de*. Die Berufsberatung informiert Sie auch über die eingangs erwähnten Alternativen. Oder Sie suchen in den gelben Seiten Ihrer Region nach Betrieben aus der Baubranche und fragen dort nach Ausbildungsplätzen.

Anteil der Hauptschüler

61,3 %

Verteilung nach Geschlecht

♂	♀
99,2 %	0,8 %

Ausbildungsvergütung in Euro		
	alte Länder	neue Länder
1. Jahr	451	327
2. Jahr	492	372
3. Jahr	556	418
4. Jahr	610	462

Ein Beruf für HauptschülerInnen?

61,3 Prozent der angehenden Metallbauer haben (mit oder ohne Abschluss) eine Hauptschule besucht. Wer sich eine dreieinhalbjährige Ausbildung nicht zutraut, aber gerne mit Metall und anderen Werkstoffen arbeiten möchte, für den kommt auch der Beruf des Teilezurichters infrage, der bereits nach zwei Jahren mit der Prüfung abschließt (siehe Seite 96). 64,3 Prozent der angehenden Teilezurichter hatten einen Hauptschulabschluss.

Was machen MetallbauerInnen?

Metallbauer sind in sehr unterschiedlichen Branchen tätig, wofür sie sich jedoch erst im zweiten Teil ihrer Ausbildung spezialisieren:

In der Fachrichtung **Konstruktionstechnik** werden beispielsweise Bauteile wie Überdachungen, Unterkonstruktionen von Fassaden, Türen, Fenster, Schutzgitter, und dergl. aus Stahl-, Aluminium- und Kunststoffen hergestellt und an Gebäuden befestigt oder zu ganzen Werkhallen montiert. Metallbauer dieses Arbeitsgebietes prüfen und warten zudem mechanische, hydraulische und elektrische Antriebe und Steuerungen.

In der Fachrichtung **Metallgestaltung** werden dagegen Bauteile wie Tore, Gitter, Geländer, Umwehrungen nach vorgegebenen oder selbst erstellten Entwürfen geformt und montiert. Dazu werden Arbeitstechniken wie Schmieden, Härten, Glühen, Treiben, Stauchen, Biegen, Hartlöten oder Nieten angewandt.

In der Fachrichtung **Nutzfahrzeugbau** werden Fahrzeuge für ihr spezielles Einsatzfeld vorbereitet oder umgerüstet, vom Bootsanhänger bis zum Kühltransporter. Dazu müssen beispielsweise Brems- oder Lenkanlagen, Fahrzeugrahmen oder Spezialaufbauten kundengerecht und unter Beachtung von Zulassungsvorschriften montiert und gewartet werden. Neben der Metall- und Kunststofftechnik spielen hierbei auch Hydraulik, Pneumatik und elektrische Steuerungen eine Rolle.

Dauer und Verlauf der Ausbildung:

Die Ausbildung dauert dreieinhalb Jahre. Nach etwa zwei Jahren findet eine Zwischenprüfung statt. Im dritten und vierten Ausbildungsjahr erfolgt die Spezialisierung in einer der genannten drei Fachrichtungen. Zwar ist wegen der gemeinsamen Grundbildung erst nach zwei Jahren die endgültige Entscheidung der Fachrichtung erforderlich, tatsächlich wird diese aber bereits mit Abschluss des Ausbildungsvertrages gefallen sein, da eine Neuorientierung ohne einen Wechsel des Ausbildungsbetriebes kaum möglich sein wird.

Was sollten Lehrlinge in diesem Beruf mitbringen?

Präzises Arbeiten ist von allergrößter Bedeutung für den Metallbauer – schließlich sollen die gefertigten Bauteile bei der Montage auch exakt zusammen passen und müssen zudem hohen Sicherheitsanforderungen genügen.

Wer beim Metallbauhandwerk an Hünen mit schweren Hämmern denkt, hat heutzutage nur noch teilweise Recht: Die Arbeit des Metallbauers wird zunehmend durch Maschinen erleichtert, deren Bedienung jedoch technisches Verständnis voraussetzt.

Praxisbeispiel

Thilo Haase

Ein so ausgefallenes Werkstück war im Ausbildungs-Lehrplan zum Metallbauer nicht eingeplant: Eine knapp drei Meter hohe männliche Figur aus Stahl sollte gefertigt werden – den Kopf bitte aus Edelstahl. Und Thilo Haase war dabei, als es galt, diese Auftragsarbeit für einen Künstler herzustellen. Haase ist im ersten Ausbildungsjahr bei Metallbauermeister Kai Vormelcher in Kiel. Für den Siebzehnjährigen dreht sich beruflich alles um den harten Werkstoff: Er flext, entgratet, grundiert, sägt und schneidet Metall – und dies sind nur einige der Bearbeitungsverfahren. Was die Fachbegriffe bedeuten? Thilo Haase denkt nicht lange nach, um das Metallbauer-Vokabular zu übersetzen: „Eine Flex ist ein Winkelschleifer mit rotierender Scheibe, die je nach Auftragsart gewechselt wird. Damit stellen wir zum Beispiel Teile von Balkonen her oder Treppengeländer. Oder wir nutzen die Flex, um die rasiermesserscharfen Kanten zu entfernen, die beim Zusägen eines Metallstückes entstehen können.

Das nennen wir auch ‚entgraten‘.“

Grundieren meint das Aufbringen von Rostschutzfarbe auf Metallstücke.

Auch die Reparatur von Schließmechanismen, wie man sie in Toren und Türen findet, gehört zu den Aufgaben des Lehrlings. „Der Beruf ist eben vielseitig“, fasst der junge Metallbauer zusammen.

betriebswirtschaftlichen Kenntnisse nachweisen können. Auch die Weiterbildung zum Industriemeister – Metall steht offen. Für Pferde liebende Metallbauer kann auch die Fortbildung zum selbstständigen Hufbeschlagschmied eine berufliche Herausforderung sein.

Hilfreich für den Aufstieg können auch Ausbildungen zum Techniker sein, zum Beispiel der Fachrichtung Metallbautechnik, Maschinentechnik oder Automatisierungstechnik. Solchermaßen geschulten Metallbauern eröffnen sich Tätigkeiten in Bereichen wie Planung, Konstruktion, Arbeitsvorbereitung, Fertigung oder Montage.

Bei der Umsetzung von technischen Zeichnungen am Werkstück sind räumliches Vorstellungsvermögen und handwerkliches Geschick wichtige Zutaten fürs Gelingen. Wer darüber hinaus gern im Freien arbeitet und „wetterfest“ ist, außerdem an wechselnden Arbeitsorten in kleinen Teams tätig sein möchte, für den könnte dieses Handwerk genau das Richtige sein. Da bei einigen der Fachrichtungen auch in luftiger Höhe gearbeitet wird, ist hier Schwindelfreiheit angesagt.

Zukunftschancen

Wer sich als Handwerker selbstständig machen möchte, kann schon direkt nach der Ausbildung einen Meisterlehrgang belegen und die Prüfung ablegen. Altgesellen können sich nach sechs Berufsjahren (davon vier in leitender Funktion) selbstständig machen, wenn sie auch die entsprechenden

Ausbildungsplatzsuche

Sie können sich bei der örtlichen Handwerkskammer nach Betrieben erkundigen, die Metallbauer ausbilden. Im Internet hilft oft der Blick in den Ausbildungsplatz-Informationsservice der Arbeitsagentur unter *www.arbeitsagentur.de.* Oder Sie suchen in den gelben Seiten Ihrer Region nach Betrieben des produzierenden Gewerbes, die in einer der dargestellten Fachrichtungen des Metallbauer- berufes tätig sind. Dies können Unternehmen aus dem Fahrzeug- oder Anlagenbau, aber auch der Metall verarbeitenden Industrie sein. Dort fragen Sie dann nach Ausbildungsplätzen.

Straßenbauer/Straßenbauerin

Ein Beruf für HauptschülerInnen?

57,9 Prozent der angehenden Straßenbauer haben die Hauptschule (mit oder ohne Abschluss) besucht. Dieser Beruf ist in die Stufenausbildung der Bauwirtschaft integriert und setzt auf die erste Stufe des Tiefbaufacharbeiters auf (siehe Übersicht Seite 115).

Was machen StraßenbauerInnen?

Das Autoradio meldet einen Stau wegen Bauarbeiten. Da steht der Autofahrer nun in brütender Hitze auf der Autobahn und schimpft auf jene, die für seine Sicherheit und seinen Fahrkomfort sorgen. Straßenbauer nämlich reparieren stark abgefahrene und wettergeschädigte Straßen. Sie sorgen dafür, dass es läuft und verringern damit die Unfallgefahr beträchtlich.

Wie vielseitig ihre Arbeit ist, zeigt sich allerdings eher, wenn eine neue Straße entsteht. Im ersten Schritt wird zunächst einmal mit Baggern und Raupen der Mutterboden abgetragen und so der „Untergrund" vorbereitet. Dann schütten Straßenbauer das so genannte „Gründungsplanum" auf. Mit Walzen verdichten sie den Boden, um zu verhindern, dass er sich später setzt. Dann erst wird die eigentliche Fahrbahnkonstruktion darüber gelegt: mehrere Tragschichten, dann die Fahrbahndecke aus Asphalt, Beton oder anderen Baustoffen.

Für die Straßenbauer fallen aber auch noch Nebenarbeiten an: Sie müssen Böschungen anlegen und Ränder befestigen, Bordsteine versetzen und Regenabläufe schaffen.

Anteil der Hauptschüler

57,9 %

Verteilung nach Geschlecht

♂	♀
99,7 %	0,3 %

Ausbildungsvergütung in Euro

	alte Länder	neue Länder
1. Jahr	554	490
2. Jahr	860	684
3. Jahr	1086	864

In einer Hinsicht täuscht die Berufsbezeichnung: Nicht nur Autobahnen, Fern- und Landstraßen sind das Werk von Straßenbauern, auch Feld-, Geh- und Radwege, Flugpisten, Sportanlagen und Parkplätze. Besonders reizvolle Aufgaben bietet der innerstädtische Straßenbau: etwa dann, wenn Straßenbauer zu einer neuen Fußgängerzone ein kunstvoll verlegtes Pflastermosaik beitragen.

Dauer und Verlauf der Ausbildung:

Die Ausbildung zum Straßenbauer dauert drei Jahre. Nach zwei Jahren erwerben die Lehrlinge einen ersten Abschluss – sie sind dann Tiefbaufacharbeiter der Fachrichtung Straßenbau. Nach einem weiteren, dritten Lehrjahr und einer zusätzlichen Prüfung dürfen sich die Auszubildenden dann Straßenbauer nennen.

Was sollten Lehrlinge in diesem Beruf mitbringen?

Wer für den Unterbau einer Fernstraße oder die Betondecke einer Flugpiste verantwortlich ist, muss Lagepläne sorgfältig lesen, Beton exakt nach Vorschrift verarbeiten, Dehnungsfugen korrekt einarbeiten – kurz, er muss präzise arbeiten. Und das oft genug auch noch unter Zeitdruck. Hier liegt auch der Grund, warum Teamarbeit im Straßenbau groß geschrieben wird: Herrscht der richtige Teamgeist, dann geht der Straßenbau auch leichter von der Hand – und abwechslungsreich ist die Arbeit allemal. Mit den örtlichen Gegebenheiten nämlich wechseln auch die Aufgaben. Das erfordert Beweglichkeit – nicht nur geistige, sondern manchmal auch für den langen Weg zum Arbeitsplatz.

Straßenbauer müssen körperlich fit sein und zupacken können, auch wenn sie modernste Maschinen heute bei ihrer Arbeit unterstützen. Ob es stürmt oder schneit, regnet oder die Sonne brennt: Straßenbauer darf das nicht erschüttern.

Zukunftschancen

Die Straße zum Erfolg baut sich jeder Straßenbauer selber. Tüchtige und Berufserfahrene bringen es über eine bestandene Prüfung am Ende von Lehrgängen zu Vorarbeitern, Schachtmeistern, Werkpolieren und Meistern im Straßenbau-Handwerk. Andere Lehrgänge aus dem reichhaltigen Fortbildungsangebot führen zum Baumaschinen-, Bagger- und Ladeführer, zum Betonprüfer oder zum Bauleiter.

Wer die Schulbank etwas länger drücken möchte, fasst vielleicht den Titel eines „Staatlich geprüften Bautechnikers" ins Auge. Diesen Abschluss erreicht ein Straßenbauer in viereinhalb Jahren über den Besuch einer Technikerschule. Zur Wahl stehen die Fachrichtungen Bautechnik, Schwerpunkt Tiefbau oder Baubetrieb, und der Abschluss als Techniker für Betriebswissenschaft.

Ausbildungsplatzsuche

Sie können sich bei der örtlichen Handwerkskammer bzw. Industrie- und Handwerkskammer nach Betrieben erkundigen, die Straßenbauer ausbilden. Im Internet hilft oft der Blick in den Ausbildungsplatz-Informationsservice der Arbeitsagentur unter *www.arbeitsagentur.de.* Oder Sie suchen in den gelben Seiten Ihrer Region nach Betrieben aus der Bauwirtschaft und fragen dort nach Ausbildungsplätzen.

Stukkateur/Stukkateurin

Ein Beruf für HauptschülerInnen?

78,9 % der angehenden Stukkateure haben die Hauptschule (mit oder ohne Abschluss) besucht. Wer gerne „auf dem Bau" arbeiten möchte, jedoch lieber „klotzt als kleckert", der sollte den Beruf des Maurers in Erwägung ziehen. Dort finden sich 66 % Hauptschüler (siehe Seite 85).

Was machen Stukkateure/ Stukkateurinnen?

Wenn Steinfiguren von Balkonen grüßen oder Fabelwesen am Endpunkt von Regenrinnen Wasser speien, waren mit Sicherheit Stukkateure am Werk. Stuck- und Putzarbeiten verleihen Bauwerken einen besonderen Charakter. Auch moderne Gebäude-Anforderungen wie Be- und Entlüftung, Heizung, Beleuchtung, Akustik, Schall-, Wärme- und Brandschutz erfordern das Know-how von Stukkateuren.

Das gemeinhin bekannte Tätigkeitsfeld von Stukkateuren ist der Außenputz und der Innenputz. Außenputz schützt die Bauwerke vor allem gegen Durchfeuchtung. Er kann handwerklich „nur" einfach ausgeführt, aber auch künstlerisch anspruchsvoll gestaltet werden. Dafür sind kreativ-gestalterische Fähigkeiten gefragt. Zum Innenputz zählen auch Raumtrennwände, abgehängte Decken, Wärme-, Schall- und Brandschutz sowie Trockenestriche.

Bauwerke und Häuser können aber auch durch Putz, Stuck, Farbe oder vorgehängte Fassaden verschönert oder gestaltet werden.

Die dazu benötigten verschiedenen Mörtelarten bestehen aus Bindemitteln (Gips, Kalk, Zement, Kunstharz), Zuschlägen (mi-

Anteil der Hauptschüler

78,9 %

Verteilung nach Geschlecht

♂	♀
97,5 %	2,5 %

Ausbildungsvergütung in Euro

	alte Länder	neue Länder
1. Jahr	554	490
2. Jahr	860	684
3. Jahr	1086	864

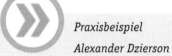

Praxisbeispiel

Alexander Dzierson

Mit dem „Anrotzen" von Wänden meinen Stukkateure das Auftragen von Zement und Gips mit der Putzmaschine, etwa, um Gebäude mit Innen- oder Außenputz zu versehen. Diesen Begriff benutzen sie natürlich nur, wenn sie unter sich sind. Hier möchte Alexander Dzierson, Stukkateur-Auszubildender bei der Firma Schlieker in Hameln, nicht missverstanden werden. Der Stukkateursberuf, dies hat Dzierson bereits gemerkt, hat eine Vielzahl von Tätigkeiten zu bieten. „Ich habe zum Beispiel schon im Trockenbau gearbeitet. Das bedeutet das Stellen von Wänden oder abgehängten Decken in Leichtbauweise sowie den Ausbau von Dachgeschossen zu Wohnungen. All dies lässt sich mit Gipskartonplatten realisieren. Auch habe ich schon Stuckarbeiten ausgeführt. Hierzu werden Gipsprofile mittels handgefertigter Schablonen gezogen oder in vorab hergestellten Formen gegossen. Für den Einbau der Stuckprofile beim Auftraggeber braucht man ein gewisses Fingerspitzengefühl. "

Auch was ein fachmännischer Fließestrich ist, weiß der Jungstukkateur

neralische Stoffe verschiedener Körnung) und Zusatzmitteln, die den Mörtel farbig oder wasserabweisend machen und seine Verarbeitung erleichtern. Sie werden hauptsächlich maschinell angebracht. Durch den Einsatz von Farben werden Flächen belebt, und kunstvolle bildhafte Ausführungen erzielen besondere Wirkungen.

Im Innenausbau werden Decken, Wände und Böden sowie Verkleidungen aus vorgefertigten Teilen montiert. Die Arbeit des Stukkateurs mit traditionellen Handwerkszeugen wird heute durch Putzmaschinen und Fördergeräte erleichtert. Das künstlerische Element in diesem Beruf können sie jedoch nicht ersetzen.

Dauer und Verlauf der Ausbildung:

Die Ausbildung (Stufenausbildung) dauert drei Jahre. Nach den ersten beiden Lehrjahren erwirbt man den Abschluss als Ausbaufacharbeiter; erst nach einem weiteren Jahr Ausbildung und bestandener Abschlussprüfung darf man sich dann Stukkateur nennen.

Was sollten Lehrlinge in diesem Beruf mitbringen?

Stukkateure müssen Sinn für Farben, für Flächenaufteilung und -gestaltung haben. Räumliches Vorstellungsvermögen, sowie die Fähigkeit zu sorgfältigem Arbeiten (oftmals Tüfteleien) sind weitere notwendige Voraussetzungen.

Wichtige körperliche Eigenschaften für diesen Beruf sind Widerstandsfähigkeit der Haut, Schwindelfreiheit, keine chronischen Hauterkrankungen und keine Farbfehlsichtigkeit. Wer bei Wind und Wetter auf Baustellen arbeitet, sollte außerdem nicht anfällig für Erkältungskrankheiten sein.

Zukunftschancen

Für Stukkateure gibt es vielfältige Spezialisierungs- und Weiterbildungsmöglichkeiten.

Eine abgeschlossene Berufsausbildung ist Voraussetzung für die Zulassung zur Meisterprüfung. Als Meister oder als Altgeselle (nach sechs Berufsjahren, davon vier Jahre in leitender Funktion) kann man seinen eigenen Betrieb eröffnen. Meister können aber auch Führungsaufgaben in anderen Betrieben übernehmen, so zum Beispiel die Betreuung der Auszubildenden, die Anleitung der Mitarbeiter und die Ausführung kaufmännischer Arbeiten (Kalkulation, Angebote usw.).

Berufserfahrung muss auch derjenige mitbringen, der sich auf einer Fachschule zum Techniker ausbilden lassen will. Wen es eher in die Bauplanung und -überwachung zieht, der kann dies z.B. als „Staatlich geprüfter Techniker der Fachrichtung Baudenkmalpflege und Altbauerhaltung" tun.

Eine leitende Position auf einer Baustelle kann derjenige einnehmen, der sich zunächst zum Werkpolier ausbilden lässt und mit zusätzlicher Berufserfahrung zum Polier.

Ausbildungsplatzsuche

Sie können sich bei der örtlichen Handwerkskammer oder Industrie- und Handelskammer nach Betrieben erkundigen, die Stukkateure/-innen ausbilden. Im Internet hilft oft der Blick in den Ausbildungsplatz-Informationsservice der Arbeitsagentur unter *www.arbeitsagentur.de.* Oder Sie suchen in den gelben Seiten Ihrer Region nach Betrieben aus dem Baugewerbe und fragen dort nach Ausbildungsplätzen.

genau. Der Beruf ist vielseitig, und das, so Dzierson, mache ihn interessant. Bei den Eigenschaften, die für den Bauberuf wichtig seien, zögert der Auszubildende nicht lange: „Man sollte nicht allzu zierlich sein – einen 30-kg-Gipssack heben und tragen sollte drin sein!" Und wenn es mitten in einer Außenarbeit am Gebäude zu regnen anfängt, muss man trotzdem weitermachen – auch Wetterfestigkeit ist also gefragt. Außerdem ist Teamfähigkeit wichtig, schließlich wird in Kolonnen zu zwei bis drei Leuten gearbeitet. Seine Neugierde auf den Beruf sei durch die Erzählungen des Onkels eines Freundes geweckt worden, der Stukkateur sei. Das Stukkateursgarn hat verfangen – Dzierson bereut seine Berufswahl bis heute nicht.

Ein Beruf für HauptschülerInnen

64,3 Prozent der angehenden Teilezurichter haben die Hauptschule (mit oder ohne Abschluss) besucht. Wer von vorn herein eine dreieinhalbjährige Ausbildung anstrebt, sollte sich dagegen über die Metallverarbeitenden Berufe in diesem Band informieren.

Was machen TeilezurichterInnen?

Die Tätigkeiten von Teilezurichtern richten sich nach dem gewählten Arbeitsgebiet.

Im Arbeitsgebiet **Metallbautechnik** geht es meist um die Herstellung von Metallbaukonstruktionen, zu deren Errichtung insbesondere Bleche, Rohre und Profile benötigt werden. Profile sind Metallstangen mit bestimmten Querschnittsformen wie etwa U-Stähle. Typische Erzeugnisse dieses Arbeitsgebietes sind Rohrverbindungen oder Fensterrahmen aus Metallprofilen. Die Teile, die für solche Erzeugnisse nötig sind, müssen zunächst vorbereitet werden, etwa durch Zurechtschneiden oder -sägen. Danach können sich verschiedene Arbeiten anschließen – zum Beispiel das Biegen von Blechen und Rohren oder auch das Schweißen bzw. Löten von Teilen.

Im Arbeitsgebiet **Herstellungstechnik** geht es meist um die Herstellung von Werkstücken aus verschiedenen Metallen oder Metall-Legierungen. Diese Werkstücke werden teils mit Hilfe von Maschinen, teils auf Fertigungsanlagen bearbeitet: Drehen, Bohren, Gewindeschneiden, Fräsen oder Schleifen sind die gängigen Bearbeitungsverfahren.

Anteil der Hauptschüler

64,3 %

Verteilung nach Geschlecht

♂	♀
97,1 %	2,9 %

Ausbildungsvergütung in Euro

	alte Länder	neue Länder
1. Jahr	671	649
2. Jahr	711	694

Teilezurichter im Arbeitsgebiet **Instandhaltungstechnik** nehmen meist Wartungsaufgaben wahr. In vorgegebenen Abständen müssen zum Beispiel an Maschinen Ölstände geprüft oder es muss Kühlschmiermittel auf Alterung geprüft werden. Aber auch bestimmte Maschinenbauteile – wie etwa Kugellager – müssen oft durch so genannte „vorbeugende Instandsetzung" ausgewechselt werden. Bei unvorhergesehenen Störungen geht es darum, die Störungsursache möglichst schnell zu erkennen und zu beheben.

Im Arbeitsgebiet **Montagetechnik** schließlich geht es um die Montage von Serienerzeugnissen des Alltagsgebrauchs. Hierbei kann es sich um Automobile, Elektrowerkzeuge, Motorsägen oder ähnliche komplexe Geräte handeln, deren sichere Funktion nicht zuletzt durch sorgfältige Montage sichergestellt wird. Die genaue Kenntnis des jeweiligen Gerätes bzw. seiner Baugruppen und Einzelteile ist die Voraussetzung für einen fachgerechten Zusammenbau. Hierbei werden – anders als bei den übrigen Arbeitsgebieten – auch nichtmetallische Werkstoffe, also z. B. Kunststoffe, eingesetzt.

Dauer und Verlauf der Ausbildung:

Teilezurichter werden in der Industrie ausgebildet. Die Ausbildungzeit beträgt im Unterschied zu den meisten anderen Metallberufen nur zwei Jahre. Der Beruf bietet also die Möglichkeit, vergleichsweise schnell einen Abschluss zu erwerben. Zu berücksichtigen ist dabei jedoch, dass es sich hier nicht um die erste Stufe eines anderen Ausbildungsberufes handelt, die Anrechnung der Ausbildungszeit bei einer späteren Entscheidung für einen anderen Ausbildungsberuf einer Einzelfallprüfung bedarf und nicht selbstverständlich ist.

Nach Absolvierung einer beruflichen Grundbildung im ersten Ausbildungsjahr werden Teilezurichter im zweiten Lehrjahr in ein spezielles Arbeitsgebiet eingearbeitet. Zur Auswahl stehen Metallbautechnik, Herstellungstechnik, Instandhaltungstechnik und Montagetechnik.

Was sollten Azubis in diesem Beruf mitbringen?

Haben Freunde oder Verwandte Ihnen schon immer nachgesagt, ein Bastler-Typ zu sein? Dann könnte der Beruf des Teilezurichters etwas für Sie sein: Eine Neigung zu handwerklicher Tätigkeit ist hier förderlich, ebenso eine Vorliebe für den Umgang mit gröberen Werkstücken wie Blechen, Rohren oder Profilen. Je nach Arbeitsgebiet können Lärm, Metallstaub oder Gase zum Arbeitsalltag eines Teilezurichters gehören. Wenn lange Profile auf Schneidetische gelegt werden müssen, muss der Teilezurichter auch schon mal kräftig zupacken können.

Zukunftschancen

Mit wachsender Berufserfahrung lernt ein Teilezurichter auch die Handgriffe anderer Metallberufe. Betriebsintern bestehen bei guter Leistung Aufstiegsmöglichkeiten, etwa zum Maschineneinrichter, Qualitätskontrolleur oder Schichtführer. Mit mehrjähriger Praxiserfahrung kommt die Industriemeisterprüfung der Fachrichtung Metall infrage, oder – nach zwei weiteren Jahren auf der Schulbank – die Weiterbildung zum „Staatlich geprüften Techniker".

Ausbildungsplatzsuche

Sie können sich bei der örtlichen Industrie- und Handelskammer nach Betrieben erkundigen, die Teilezurichter ausbilden. Im Internet hilft oft der Blick in den Ausbildungsplatz-Informationsservice der Arbeitsagentur unter *www.arbeitsagentur.de*. Oder Sie suchen in den gelben Seiten Ihrer Region nach Betrieben aus der Metallindustrie und fragen dort nach Ausbildungsstellen.

> **Tipp**
> Seit 2004 gibt es auch den neuen Ausbildungsberuf "Maschinen- und Anlagenführer" mit zweijähriger Ausbildungszeit.

Für Jugendliche mit Behinderungen existiert auch der dreijährige Ausbildungsberuf des Metallbearbeiters.

Tischler/Tischlerin

Ein Beruf für HauptschülerInnen

38 Prozent der angehenden Tischler haben die Hauptschule (mit oder ohne Abschluss) besucht. Auf Seite 62 wird in diesem Band ein weiterer Beruf beschrieben, in dem es um den Werkstoff „Holz" geht – Holzbearbeitungsmechaniker.

Was machen TischlerInnen?

Holz wird als Werkstoff seit ewigen Zeiten verwendet. Immer dann, wenn es schön, kostbar oder besonders gemütlich sein soll, wird traditionell Holz verwendet. Davon zeugen viele alte Häuser, Kirchen, Museen und Klöster. Aber auch in der heutigen Zeit ist Holz absolut „in".

Aus der Vielfalt der Einsatz- und Gestaltungsmöglichkeiten von Holz lässt sich die Breite des Aufgabenfeldes eines Tischlers bereits erahnen. Er fertigt nicht nur einzelne Möbelstücke wie Schränke, Regale, Tische oder Stühle an, sondern ist auch mit dem Entwurf und der Herstellung ganzer Inneneinrichtungen beschäftigt. Das Spektrum reicht dabei von Büros, Gaststätten, Praxen bis hin zu Schulen und Kirchen.

Natürlich spielt heutzutage auch im Beruf des Tischlers die Technik eine entscheidende Rolle. So bearbeitet ein Tischler etwa mit Kreissägen, Hobel-, Fräs- und Schleifmaschinen das Rohholz, schneidet Platten zurecht, verleimt Pressholz und veredelt es mit Kunstharzlacken oder Furnieren. Nur noch selten muss er in Handarbeit den Werkstoff Holz „formen", obwohl auch das bei Restaurierungen noch vorkommen kann.

Ein Tischler kennt sich selbstverständlich genau aus mit seinem Arbeitsmaterial: dazu gehört die Auswahl des geeigneten Holzes wie auch der Beschläge. Er ist aber auch Fachmann für Kunststoff, etwa Fenster und Türen.

Anteil der Hauptschüler

38 %

Verteilung nach Geschlecht

♂	♀
93,3 %	6,7 %

Ausbildungsvergütung in Euro

	alte Länder	neue Länder
1. Jahr	386	286
2. Jahr	505	389
3. Jahr	582	440

Aber was passiert mit all den fertig gestellten Fensterrahmen, Türen oder Holztreppen? Gibt er sie „am Bau" ab und verabschiedet sich auf Nimmerwiedersehen? Weit gefehlt – was fachmännisch aus Holz gefertigt wurde, muss auch vom Fachmann eingebaut werden. Nicht selten trifft man deshalb Tischler auch auf Baustellen und kann ihnen dabei zusehen, wie sie zum Beispiel Holzrahmen einpassen oder Deckenpaneele befestigen.

Dass ein Tischler sich auch um die sachgemäße Holzlagerung und die Wartung seiner Werkzeuge und Maschinen selbst kümmert, versteht sich von selbst.

Dauer und Verlauf der Ausbildung:
Die Ausbildung dauert drei Jahre.

Was sollten Lehrlinge in diesem Beruf mitbringen?
Ob Tischler nun einzelne Möbelstücke herstellen oder eine komplette Küche nach eigenen Entwürfen anfertigen – ihr handwerkliches Geschick, ihr räumliches Vorstellungsvermögen und ihr Empfinden für Formen und Gestalten muss stimmen. Der tagtägliche Einsatz von Holzbearbeitungsmaschinen verlangt technisches Geschick und rasches Reaktionsvermögen.

Da Tischler auch mit gesundheitsgefährdenden Stoffen wie Holzschutzmitteln umgehen, darf ihre Haut nicht empfindlich sein.

Darf es ‚Eiche rustikal' sein? Einrichtungswünsche können sehr individuell sein. Die Beratung der Kunden erfordert neben den fachlichen Kenntnissen vor allem auch Kontaktsicherheit, Geduld („Nein, dieses Tropenholz darf nicht importiert werden...") und ein freundliches Auftreten.

Zukunftschancen
An Spezialisierungsmöglichkeiten fehlt es im Tischlerhandwerk nicht. So ist beispielsweise ein Möbeltischler in der Einzelfertigung für den Entwurf und die Herstellung von Einzelmöbeln oder ganzer Zimmereinrichtungen verantwortlich. Ein Bautischler dagegen entwirft und montiert Fenster und Türen, sowie Wand-, Decken- und Holzverkleidungen. Wieder andere spezielle Aufgaben erfüllen Betriebstischler und Bühnentischler.

Dem Tischler stehen zahlreiche Weiterbildungsmöglichkeiten offen: Lehrgänge über Holztrocknung, Holzfenster, Eigenschaften, Verarbeitung und Anwendung von Holzspanplatten sind nur eine Auswahl.

Auch die Weiterbildung zum „Staatlich geprüften Techniker", etwa der Fachrichtungen Holztechnik, Raumgestaltung oder Innenausbau, kommt infrage. Sie erfolgt in Voll- und Teilzeitform und dauert vier bzw. acht Semester. Nach erfolgreicher Meisterprüfung oder nach sechs Berufsjahren (davon vier in leitender Funktion und mit dem Nachweis von betriebswirtschaftlichen Kenntnissen) können Tischler einen eigenen Betrieb eröffnen oder als angestellte Meister einen größeren Betrieb führen.

Ausbildungsplatzsuche
Sie können sich bei der örtlichen Handwerkskammer nach Ausbildungsbetrieben erkundigen. Im Internet hilft oft der Blick in den Ausbildungsplatz-Informationsservice der Arbeitsagentur unter *www.arbeitsagentur.de*. Oder Sie suchen in den gelben Seiten Ihrer Region nach Tischlereibetrieben und fragen dort nach Ausbildungsplätzen.

Verfahrensmechaniker/Verfahrensmechanikerin
für Kunststoff- und Kautschuktechnik

Ein Beruf für HauptschülerInnen?

37,4 Prozent der angehenden Verfahrensmechaniker haben die Hauptschule (mit oder ohne Abschluss) besucht. Wer sich für die Verarbeitung anderer Werkstoffe interessiert, findet auch in der Glasindustrie oder bei der Verarbeitung von Gips, Beton oder Hartstein einen vergleichbaren Ausbildungsberuf.

Was machen VerfahrensmechanikerInnen für Kunststoff- und Kautschuktechnik?

Es ist nicht einfach, das interessante und mit viel Technik verbundene Berufsbild dieser Kunststoffexperten zu beschreiben. Wie vielfältig Kunststoff eingesetzt wird, mag folgende Vorstellung verdeutlichen: Würde man mit einem überdimensionalen Staubsauger allen Dingen der Welt den Kunststoff entziehen, würden wohl nur noch wenige Alltagsgegenstände funktionieren. Angesichts dieser Vielfalt von Kunststoffprodukten hilft auch Verfahrensmechanikern nur eines: Sich auf einen der vier Schwerpunkte (Einzelheiten s. unter Dauer und Verlauf der Ausbildung) zu spezialisieren. Sogar innerhalb eines gewählten Bereiches konzentrieren sie sich meist noch auf einzelne Tätigkeiten.

Trotzdem haben die Spezialisten natürlich auch einiges gemein: Überwiegend sind sie in der industriellen Fertigung tätig, wo sie Kunststoffe mit unterschiedlichsten Eigenschaften verarbeiten. Diese Formmassen bereiten sie mit Hilfe von Werkzeugen und Maschinen für den weiteren Fertigungsprozess vor: Sie erhitzen

Anteil der Hauptschüler

37,4 %

Verteilung nach Geschlecht

♂	♀
95,3 %	4,7 %

Ausbildungsvergütung in Euro

	alte Länder	neue Länder
1. Jahr	605	489
2. Jahr	648	531
3. Jahr	714	578

und verflüssigen Granulate und bearbeiten Formmasse durch Pressen, Gießen, Spritzen, Schäumen, Schweißen, Extrudieren (Herstellen von Formstücken) oder Kalandrieren (Pressen, Bemustern oder Prägen von Werkstoffen mit Hilfe einer Maschine).

Verfahrensmechaniker für Kunststoff- und Kautschuktechnik gehen dabei mit hochtechnisierten Maschinen zur Verarbeitung des Kunststoffes um. Sie stellen die Maschinen ein, reparieren sie und überprüfen die Produktion. Fragen der Qualitätskontrolle und des Umweltschutzes gehören ebenfalls in ihre Zuständigkeit

Man sieht es den Kunststoffprodukten nicht an, welchen Anteil daran Verfahrensmechaniker für Kunststoff- und Kautschuktechnik haben, sicher ist nur eins: Ohne diese Profis wäre kein Produkt auf dem Markt.

Dauer und Verlauf der Ausbildung:

Die Ausbildung dauert drei Jahre. Die ersten beiden Jahre vermitteln eine gemeinsame Grundbildung für alle angehenden Verfahrensmechaniker. Im dritten Ausbildungsjahr wählen die Azubis einen von vier möglichen Schwerpunkten: „Formteile" (Spritzgießen, Pressen, Blasformen, Schäumen), „Halbzeuge" (Extrudieren, Kalandrieren, Beschichten, Schäumen), „Mehrschicht-Kautschukteile" und „Bauteile" (Halbzeugverarbeitung, Verstärken, Auskleiden, Folienschweißen).

Was sollten Azubis in diesem Beruf mitbringen?

Alle angehenden Verfahrensmechaniker gehen mit hochtechnisierten Maschinen um – das verlangt technisches Verständnis und geschickte Hände. Auch die Fähigkeit zu selbstständiger Arbeit und zur Teamarbeit wird von den Kunststoffexperten unabhängig vom Schwerpunkt gefordert.

Im Schwerpunkt **Formteile** wird Kunststoff unter bestimmten Druck-, Temperatur- und Zeitparametern geformt. Die müssen ständig kontrolliert und in ein bestimmtes Verhältnis gebracht werden. Dazu bedient man hochempfindliche Mess-, Steuer- und Regelgeräte, was eine konzentrierte und genaue Arbeitsweise verlangt. Gleiches gilt für den Schwerpunkt „Halbzeuge".

Im Schwerpunkt **Mehrschicht-Kautschuk** werden zudem einzelne Halbzeuge zusammengebaut. Sehr gute handwerkliche Fähigkeiten werden also ebenfalls gebraucht.

Im Schwerpunkt **Bauteile** wird nicht nur in der Produktionshalle gearbeitet, es geht auch auf Baustellen: Körperliche Belastbarkeit, gutes Seh- und Hörvermögen sind daher grundsätzlich gefragt.

Zukunftschancen

Als Maschineneinrichter ist ein Verfahrensmechaniker für das reibungslose Anfahren einer bestimmten Fertigung zuständig; in der Produktkontrolle zieht er aus typischen Erzeugnisfehlern Rückschlüsse auf bestimmte Fertigungsstörungen. In besonderen Fällen wird ihm die

Funktion eines Qualitätsprüfers in der Eingangs- und Produktkontrolle übertragen.

Erfahrene und engagierte Mitarbeiter bringen es zum Vorarbeiter oder Schichtführer bzw. mit entsprechender Weiterbildung zum Techniker für Betriebswissenschaft oder Techniker der Fachrichtung Kunststoff und Kautschuk. Dieser Titel wie auch die Weiterbildung zum „Geprüften Industriemeister Fachrichtung Kunststoff und Kautschuk" eröffnet Perspektiven in den Bereichen Arbeitsvorbereitung, Planung und Leitung.

Weiterbildung ist für den Verfahrensmechaniker von zentraler Bedeutung: Kunststoffe werden laufend verbessert, neue Verarbeitungsverfahren werden eingeführt. Praxislehrgänge und Fortbildungsangebote verschiedener Träger dienen dazu, fachliches Können auf dem neuesten Stand zu halten.

Ausbildungsplatzsuche

Sie können sich bei der örtlichen Handwerkskammer oder Industrie- und Handelskammer nach Ausbildungsbetrieben erkundigen. Im Internet hilft oft der Blick in den Ausbildungsplatz-Informationsservice der Arbeitsagentur unter *www.arbeitsagentur.de.* Oder Sie suchen in den gelben Seiten Ihrer Region nach Betrieben aus der Kunststoff verarbeitenden bzw. produzierenden Industrie und fragen dort nach Ausbildungsplätzen

NEU

Anteil der Hauptschüler

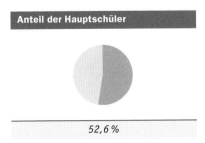

52,6 %

Verteilung nach Geschlecht

♂	♀
33,4 %	66,6 %

Ausbildungsvergütung in Euro

	alte Länder	neue Länder
1. Jahr	590	530
2. Jahr	661	594

Ein Beruf für HauptschülerInnen?

52,6 Prozent der angehenden Verkäufer haben die Hauptschule (mit oder ohne Abschluss) besucht. Während dieser Beruf in Kaufhäusern, Fach- oder Selbstbedienungsgeschäften mit unterschiedlichen Sortimenten gelernt werden kann, bietet das Handwerk eine vergleichbare Ausbildung „Fachverkäufer im Nahrungsmittelhandwerk" mit der Wahl zwischen den Schwerpunkten „Bäckerei/Konditorei" und „Fleischerei" (siehe Seite 35).Der Ausbildungsberuf Verkäufer/-in wurde 2004 grundlegend erneuert und damit den veränderten Strukturen des Einzelhandels angepasst.

Was machen VerkäuferInnen?

Würden Sie Verkaufs- und Beratungsgespräche mit Menschen von sehr unterschiedlicher Mentalität und unterschiedlichem Temperament reizen? Dann ist der Beruf Verkäufer vielleicht der Richtige für Sie, wenn Sie sich für die Ausbildung in einem Fachgeschäft entscheiden: Für Verkäufer nämlich dreht sich dort alles darum, Kunden über ein Warenangebot zu informieren, zu beraten und ihnen die gewünschte Ware zu verkaufen – wozu natürlich gründliche Warenkenntnisse gehören, um beispielsweise Schmuck, Computer oder Feinkost „an den Mann" oder „die Frau bringen". Warenkunde steht damit ganz oben auf dem Stundenplan in der Verkäuferausbildung, im Betrieb wie in der Berufsschule.

Im Gespräch finden Verkäufer erst einmal heraus, welche Wünsche der Kunde hat und schlagen dann die geeignete Ware vor. Sie beraten über Handhabung, Eigenschaften und Funktionen der Waren und führen die Produkte auch vor. Dass sie dabei auch Qualitäts- und Preisunterschiede erläutern, versteht sich.

Auch das Entgegennehmen von Warenlieferungen gehört zu den Aufgaben von Verkäufern. Sie packen die Ware aus, prüfen die Qualität, lagern sie fachgerecht ein und zeichnen sie mit dem Verkaufspreis aus.

Vor allem in Selbstbedienungsläden steht und fällt der Verkaufserfolg mit der Präsentation der Produkte. Hier ist es wichtig, die Waren unter verkaufspsychologischen Gesichtspunkten im Verkaufsraum zu platzieren – Verkäufer wissen, wie das geht.

Aber auch im Kassenbereich sind die Multitalente tätig: Sie nehmen Geld in Empfang, achten auf die richtige Herausgabe des Wechselgeldes, stellen Quittungen und Garantiescheine aus und wickeln Zahlungen im bargeldlosen Zahlungsverkehr ab – zum Beispiel mit Kreditkarten. Sie bedienen Registrier- und Scannerkassen und rechnen die Einnahmen ab. Auch die richtige Verpackung der verkauften Waren gehört zur Ausbildung, sei es zum Schutz gegen Transportschäden oder als dekoratives Geschenk.

Dauer und Verlauf der Ausbildung:

Die Ausbildung dauert zwei Jahre. Bereits während der Ausbildung findet nach der Neuregelung der Ausbildung in diesem Beruf 2004 eine Vertiefung in einem von vier Wahlbausteinen statt: Warenannahme/ Warenhandling, Beratung/Verkauf, Kasse oder Marketing. Diese Vertiefungsphase dauert etwa drei Monate.

Da mit diesem Beruf zugleich der Kaufmann im Einzelhandel neu geregelt wurde, bleibt die Möglichkeit erhalten, die Ausbildung nach zwei Jahren bis zu diesem erweiterten Abschluss fortzusetzen (siehe Seite 64).

Was sollten Azubis in diesem Beruf mitbringen?

Verkaufen, Waren anbieten, Kunden beraten: Ohne Kommunikation – und damit: ohne gute sprachliche Ausdrucksfähigkeit und Kontaktsicherheit – läuft im Fachgeschäft gar nichts. Wer sich auf diesem Gebiet nicht so stark fühlt, aber dennoch gern unter Menschen ist, für den ist vielleicht ein Selbstbedienungsgeschäft besser geeignet. Ein gepflegtes Äußeres und gute Umgangsformen sind beim Umgang mit Kunden in allen Unternehmen des Einzelhandels wichtig.

Wer sich nicht scheut, auch zu Zeiten zu arbeiten, wenn andere bereits frei haben, und auch zu Stoßzeiten nicht den Überblick verliert und gleichbleibend freundlich bleibt, der kann mit einer abwechslungsreichen Tätigkeit rechnen.

Das Rechnen spielt übrigens heute nicht mehr eine so wichtige Rolle, wie vor der Einführung von Computerkassen und elektronischen Waagen.

Zukunftschancen

Im Einzelhandel stehen Verkäufern eine Vielzahl unterschiedlicher Arbeitsbereiche offen: Von der Verbreiterung der Sortimentskenntnisse oder der selbstständigen Führung einzelner Sortimentsbereiche bis zur Spezialisierung – etwa auf den Kassenbereich – stehen viele Möglichkeiten offen.

Einkauf, Materialwirtschaft, Logistik, Dekoration und Warenpräsentation oder Werbungs- und Verkaufsförderung: Die Liste möglicher Weiterbildungslehrgänge für Verkäufer ist lang. Nach einer Verlängerung der Ausbildung um ein Jahr und dem damit erreichbaren Abschluss als Kaufmann im Einzelhandel lassen sich weitere Sprossen auf der Karriereleiter erklimmen, etwa durch eine Weiterbildung zum Handelsfachwirt oder Handelsbetriebswirt.

Ausbildungsplatzsuche

Sie können sich bei der örtlichen Industrie- und Handelskammer nach Betrieben erkundigen, die Verkäufer ausbilden. Im Internet hilft oft der Blick in den Ausbildungsplatz-Informationsservice der Arbeitsagentur unter *www.arbeitsagentur.de.* Oder Sie suchen in den gelben Seiten Ihrer Region nach Betrieben, etwa Kaufhäusern oder Einzelhandelsgeschäften, und fragen dort nach Ausbildungsplätzen.

Zerspanungsmechaniker

Zerspanungsmechanikerin

NEU

Anteil der Hauptschüler

37,2 %

Verteilung nach Geschlecht

♂	♀
97,7 %	2,3 %

Ausbildungsvergütung in Euro		
	alte Länder	neue Länder
1. Jahr	676	649
2. Jahr	716	694
3. Jahr	770	748
4. Jahr	819	786

Ein Beruf für HauptschülerInnen

37,2 Prozent der Zerspanungsmechaniker kommt aus der Hauptschule (mit oder ohne Abschluss). Dieser Ausbildungsberuf entstand 1987 mit damals vier Fachrichtungen und wurde zum 1. August 2004 an die seitdem vollzogenen Veränderungen von Technik und Arbeitsorganisation angepasst. Wer sich über andere Berufe der Metallindustrie informieren möchte, findet auf Seite 73 den ebenfalls neu geordneten Beruf Konstruktionsmechaniker. Auch im Handwerk sind kürzlich metalltechnische Berufe modernisiert worden. In diesem Band sind zu finden: (Metallbauer, Seite 88, KFZ-Mechatroniker, Seite 76, Feinwerkmechaniker, Seite 37, Zweiradmechaniker, Seite 112).

Was machen Zerspanungs-mechanikerInnen?

Der Name sagt, worum es in diesem Beruf geht: Durch Drehen, Fräsen oder Schleifen werden Späne von Metallteilen abgehoben, bis diese eine genau vorgegebene Form angenommen haben. Dazu sind sehr enge Fertigungstoleranzen einzuhalten, die Bearbeitungszeit ist möglichst zeitsparend zu organisieren – es kommt angesichts der heute eingesetzten Maschinen also vor allem auf präzises Arbeiten und auf die Organisation des eigenen Arbeitsplatzes an.

Ab 2004 wird in diesem Beruf daher nicht mehr nach den technologischen Fachrichtungen (Automaten)-Drehen, Fräsen oder Schleifen unterschieden. Die Berufsbefähigung zeichnet sich durch eine breite Aufgabenintegration und weit reichende Selbstorganisation aus. Hierzu gehören die Prozessorientierung, verantwortliches Handeln im Rahmen des betrieblichen Qualitätsmanagements, mehr eigenverantwortliche Dispositions- und Terminverantwortung, Kundenorientierung (insbesondere mit internen Kunden) sowie das Anwenden englischer Fachbegriffe in der Kommunikation.

Dennoch findet natürlich schon in der Ausbildung eine Spezialisierung innerhalb der möglichen Einsatzgebiete statt:

In der **Automaten-Drehtechnik** werden in Serie komplexe Drehteile für alle Bereiche der Industrie form- und maßgenau an konventionellen oder numerisch gesteuerten Drehautomaten hergestellt. Drehautomaten erlauben eine sehr kostengünstige Fertigung, bedürfen aber einer sehr genauen und sorgfältigen Programmierung und Voreinstellung der automatisch ablaufenden Bearbeitungsvorgänge.

In der **Drehtechnik** werden Gussstücke, Halbfertigfabrikate sowie spanend und spanlos vorbearbeitete Werkstücke aus metallischen und nichtmetallischen Werkstoffen durch Drehen und Bohren an konventionellen oder numerisch gesteuerten Werkzeugmaschinen form- und maßgenau bearbeitet. Sie haben meist eine zylindrische Grundform, können aber auch von unregelmäßiger Gestalt sein.

In der **Frästechnik** werden Guss- und Schmiedestücke, Schweißkonstruktionen, Halbfertigfabrikate und vorbearbeitete Werkstücke aus metallischen und nichtmetallischen Werkstoffen durch Fräsen und Bohren an konventionellen oder numerisch gesteuerten Werkzeugmaschinen form- und maßgenau bearbeitet.

In der **Schleiftechnik** werden an konventionellen oder numerisch gesteuerten Werkzeugmaschinen Werkstücke für Fertigungswerkzeuge, Maschinen, Geräte und Anlagen durch Schleifen bearbeitet und Zerspanungswerkzeuge scharf geschliffen. Bearbeitet werden vorgefertigte zylindrische oder flächige Werkstücke aus Eisen-, Nichteisen- und Hartmetallen sowie warmbehandelte Stähle. Dabei werden höchste Anforderungen an die Maß-, Form- und Lagegenauigkeit gestellt.

Dauer und Verlauf der Ausbildung

Die Ausbildung dauert insgesamt dreieinhalb Jahre. Die obligatorische Zwischenprüfung nach der Hälfte der Ausbildungszeit wird bereits als Teil 1 der Abschlussprüfung in diesem Beruf gewertet.

Was sollten Azubis in diesem Beruf mitbringen?

Denken in Zusammenhängen, räumliches Vorstellungs- und Raumauffassungsvermögen, Fähigkeit zur Präzisionsarbeit sind die hervorstechenden Anforderungen, die hier erwartet, aber natürlich auch entwickelt werden. Je nach Einsatzfeld wird auch die Fähigkeit zur Umstellung auf wechselnde Aufgaben erwartet (Einzel- bzw. Kleinserienproduktion). Die Bereitschaft und Fähigkeit zur Teamarbeit, Verantwortungsbereitschaft für Organisation des Arbeitsprozesses über die „eigene" Maschine hinaus, verbunden mit Daueraufmerksamkeit und Reaktionsschnelligkeit zeichnen Zerspanungsmechaniker aus. Wer schon einmal mit Allergien zu tun hatte, sollte sich beraten lassen, da der Kontakt mit allergenen Metallen sowie Schmier- und Kühlmitteln nicht völlig zu vermeiden ist.

Zukunftschancen

Wer es im Beruf weiter bringen möchte, kann nach einigen Jahren der Berufserfahrung einen Lehrgang als „Geprüfter Industriemeister Fachrichtung Metall" abschließen. Um beruflich am Ball zu bleiben, sind jedoch in jedem Falle Fortbildungslehrgänge angesagt – die maschinentechnische Entwicklung schreitet schnell voran – vom Werkzeug bis zum Bedienungsprogramm.

Auch innerhalb des (mit dem Ausbildungsbetrieb) gewählten Einsatzgebietes ist mit weiteren Spezialanwendungen zu rechnen, die den Arbeitsplatz in Deutschland sichern.

Ausbildungsplatzsuche

Sie können sich bei der örtlichen Industrie- und Handelskammer nach Ausbildungsbetrieben erkundigen. Im Internet hilft oft der Blick in den Ausbildungsplatz-Informationsservice der Arbeitsagentur unter *www.arbeitsagentur.de.* Oder Sie suchen in den gelben Seiten Ihrer Region nach Betrieben der Metallindustrie und fragen dort nach Ausbildungsplätzen.

Zimmerer/Zimmerin

Ein Beruf für Hauptschüler

34,9 Prozent der angehenden Zimmerer haben die Hauptschule (mit oder ohne Abschluss) besucht. Alternativen zu diesem Bauberuf können Sie der Übersicht auf Seite 115 entnehmen. Wer außerhalb des Bauhauptgewerbes mit Holz arbeiten möchte, für den kommen auch die Berufe Tischler (siehe Seite 99) oder Holzbearbeitungsmechaniker (siehe Seite 62) infrage, die ebenfalls von vielen Hauptschulabgängern ergriffen werden.

Was machen Zimmerinnen und Zimmerer?

Dachstühle, die der Richtkranz schmückt, hat jeder schon gesehen. Diese im wahrsten Sinne des Wortes „krönende" Arbeit gehört zu den traditionellen Aufgaben von Zimmerern. Bei der Errichtung von Dachstühlen und beim Fachwerkbau sind sie in der Tat Baufacharbeiter, demzufolge zählt der Beruf des Zimmerers auch zu den Bauberufen.

Damit die Holzbalken, aus denen einmal ein Dachstuhl werden soll, auf dem Bau zügig und passgenau zusammengefügt werden können, muss der Zimmerer sie in der Werkstatt vorbereiten. Aus dem Statikplan des Architekten erkennt er die Konstruktion des Dachstuhls und die Stärke der Balken, Sparren und Bretter. Die muss er jetzt maßgerecht zuschneiden, denn vom Sägewerk bekommt er nur „laufende Meter". Nach den Plänen richtet er das Holz mit Sägen und Äxten, Hobeln und Fräsen vor, damit später auf der Baustelle der Dachstuhl in Rekordzeit steht.

Zu solch ureigener Zimmererarbeit sind in den vergangenen Jahren neue Bereiche hinzugekommen. In der Bauindustrie errichtet der Zimmerer auch Holzverschalungen, die mit Baustahl ausgelegt und mit

Anteil der Hauptschüler

34,9 %

Verteilung nach Geschlecht

♂	♀
99,0 %	1,0 %

Ausbildungsvergütung in Euro

	alte Länder	neue Länder
1. Jahr	554	490
2. Jahr	860	684
3. Jahr	1086	864

flüssigem Beton ausgegossen werden. Für Kunden, die eine „maßgeschneiderte" Blockhütte planen, ist der Zimmerer selbstverständlich auch der richtige Ansprechpartner.

Aber auch im Innenausbau stellt er inzwischen mehr als nur die Holztreppen her: Die Montage von Wandverkleidungen und Trennwänden beherrscht er ebenso wie das Einziehen von Zwischendecken in hohen Altbauzimmern. Hierbei verarbeitet er auch Materialien zur Schall- und Wärmeisolierung.

Dauer und Verlauf der Ausbildung:

Die Ausbildung dauert drei Jahre. Nach der Prüfung am Ende des zweiten Ausbildungsjahres erwerben die Azubis einen ersten berufsqualifizierenden Abschluss: sie sind nun Ausbaufacharbeiter. Nach einem weiteren, dritten Ausbildungsjahr folgt die Abschlussprüfung zum Zimmerer.

Was sollten Lehrlinge in diesem Beruf mitbringen?

Fehltritte auf dem Dachstuhl kann sich kein Zimmerer leisten: Der Beruf ist nur etwas für Schwindelfreie.

Zwar ist die körperliche Belastung bei vielen Arbeiten durch den Einsatz von kräfteschonenden Maschinen geringer geworden, doch leisten Zimmerer noch immer schwere Arbeit.

Man sollte keine Allergien gegen Holzschutzmittel oder Leime haben und nicht anfällig für Erkältungskrankheiten sein. Und man muss sich damit anfreunden können, keinen ständigen Arbeitsplatz zu haben, denn die Teamarbeit auf wechselnden Baustellen ist schon gewöhnungsbedürftig und erfordert außerdem Improvisationsfähigkeit.

Zukunftschancen

Holzleimbau, Herstellung und Montage von Fertigbauteilen oder Brücken- und Tunnelbau sind einige Beispiele für Weiterbildungen, die dem Zimmerer offen stehen. Andere Kurse ermöglichen ihm eine Spezialisierung auf Trockenbau, Bausanierung, Fachwerkbau, Schalungszimmerei, Wärme- und Feuchtigkeitsschutz und die Verarbeitung von Kunststoffen.

„Exotische" Arbeitsplätze (und damit Spezialisierungsmöglichkeiten) gibt es für Zimmerer übrigens im Entwicklungsdienst, im Schiffsbau und sogar im Bergbau, wo sie mit Stützen und Pfeilern die Stollen sichern.

Wer auf der beruflichen Karriereleiter klettern möchte, kann den Weg zum Industrie- bzw. Handwerksmeister einschlagen, sich selbstständig machen oder sich durch den zweijährigen Besuch einer Fachschule zum „Staatlich geprüften Bautechniker, Holztechniker oder Restaurierungstechniker" fortbilden. Der Berufsweg als geprüfter Bauleiter steht dem Zimmerer nach der Meisterprüfung und dem Besuch der Bauleiterschule offen.

Ausbildungsplatzsuche

Sie können sich bei der örtlichen Handwerkskammer bzw. Industrie- und Handwerkskammer nach Ausbildungsbetrieben erkundigen. Im Internet hilft oft der Blick in den Ausbildungsplatz-Informationsservice der Arbeitsagentur unter *www.arbeitsagentur.de*. Oder Sie suchen in den gelben Seiten Ihrer Region nach Zimmerei-Handwerksbetrieben bzw. nach Bauunternehmen und fragen dort nach Ausbildungsplätzen.

NEU

Anteil der Hauptschüler

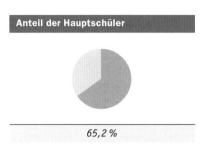

65,2 %

Verteilung nach Geschlecht

♂	♀
96 %	4 %

Zur tariflichen Ausbildungsvergütung liegen keine Angaben vor.

Ein Beruf für HauptschülerInnen

65,2 Prozent der angehenden Zweiradmechaniker haben die Hauptschule (mit oder ohne Abschluss) besucht. Wer einen fahrzeugtechnischen Beruf erlernen möchte, sich aber auch etwas anderes vorstellen kann als die Reparatur von Zweirädern, der findet in der nachfolgenden Übersicht (siehe Seite 116) auch andere Berufe, in denen es um Straßenfahrzeuge geht.

Was machen ZweiradmechanikerInnen?

Zweiräder unterscheiden sich doch sehr deutlich voneinander, obwohl die Anforderungen an die Rahmen von Motorrädern und leistungsfähigen Sportfahrrädern gar nicht so unterschiedlich sind. Natürlich muss man bei Motorrädern schon ein besonderes Händchen für Motoren haben, will man eine moderne 500er-Maschine oder gar einen Oldtimer richtig einstellen. Hier sind auch viele Sonderwünsche von Kunden zu berücksichtigen, für die ihre Maschine eher ein Hobby als ein Fortbewegungsmittel ist.

Bei Fahrrädern gibt es naturgemäß keine Motorprobleme, dafür ist die Vielfalt keineswegs kleiner: Zwischen einem Klapprad, einem Mountainbike und der Rennmaschine eines Profis liegen Welten, wenngleich die Präsentation eines Profi-Rennrades bei einem Fahrradhändler höchstens mal als PR-Gag vorkommt.

Technik und Kundenberatung stehen bei beiden Fachrichtungen im Vordergrund, die Spezialisierung ergibt sich aus der Werkstatt, in der man arbeitet. Dabei sind die hohen Sicherheitsanforderungen für den

Straßenverkehr und die Kenntnis der geltenden Vorschriften natürlich von besonderer Bedeutung.

In der Fachrichtung Motorradtechnik spielen die Motoren natürlich eine wichtige Rolle – hier ähneln einige Ausbildungsinhalte denen der KFZ-Mechatroniker (Diagnose, Einstellarbeiten, Reparaturen). Bei den Fahrrädern geht es dagegen bei der Beratung im Verkauf stärker in die Tiefe: Wird das Fahrrad regelmäßig oder eher im Urlaub genutzt, soll es über Waldwege oder die Bürgersteigkanten in der Stadt gehen – für jeden Einsatzzweck gibt es Besonderheiten zu beachten, die im Kundengespräch zu klären sind.

Übrigens sind Zweiradmechaniker auch für Behindertenfahrzeuge oder motorgetriebene Geräte (z.B. Rasenmäher) zuständig.

Dauer und Verlauf der Ausbildung:

Die Ausbildung dauert dreieinhalb Jahre. Das erste Ausbildungsjahr ist bei allen fahrzeugtechnischen Berufen gleich. Im zweiten Jahr erlernen die Zweiradmechaniker die grundlegenden Besonderheiten von Zweiradfahrzeugen – dann trennt sich die Ausbildung in die beiden Fachrichtungen Motorrad- bzw. Fahrradtechnik.

Praxisbeispiel

Jens Z.

Jens Z. hatte nicht so gute Schulnoten und nach vielen Absagen schlug ihm sein Berufsberater vor, es einmal mit einer geförderten Verbundausbildung als Zweiradmechaniker zu versuchen.

„Eigentlich wollte ich ja was mit Autos machen. Aber als der Berater sagte, dass Zweiradmechaniker auch an Motorrädern arbeiten, habe ich es versucht."

„Ich muss mich schon mächtig anstrengen, um in der Berufsschule mitzukommen, aber bei meinem Bildungsträger bekomme ich Nachhilfe und viele Lehrgänge. Die Betriebe, in denen ich Praxiserfahrungen bei der Fahrradmontage und -reparatur mache, sind ganz zufrieden mit mir. Vielleicht klappt es ja mit einer Übernahme, wenn ich im dritten Lehrjahr in einem Motorradcenter dabei bin."

Was sollten Lehrlinge in diesem Beruf mitbringen?

Technisches Verständnis und Liebe zum Detail zeichnen nicht nur viele Kunden, sondern natürlich gerade auch Spezialisten für Zweiräder aus. Gerade im Umgang mit Kunden muss man zuhören und richtig beraten können – wer ausschließlich an Technik interessiert ist, sollte sich eher für einen Beruf ohne direkten Kundenkontakt entscheiden.

In diesem Beruf spielt jedoch die Technik keinesfalls eine untergeordnete Rolle: Zweiräder müssen an den Kunden angepasst werden – bei Fahrrädern werden häufig alle Teile einzeln zusammengesetzt, bis daraus schließlich ein Fahrzeug wird. Da muss man schon das Zusammenspiel der verschiedenen Komponenten kennen, vom Zahnkranz bis zur Lenkerbefestigung.

Geschickte Hände, Geduld und die Bereitschaft, sich auch die Finger schmutzig zu machen, gehören zu den allgemeinen Anforderungen, bei Motorrädern muss man auch mal etwas fester zupacken können und zeitweise auch im Hocken arbeiten.

Zukunftschancen

Zweiräder können Gebrauchsgegenstände sein, Fan-Artikel oder Sportgeräte. Entsprechend groß ist die Palette der Entwicklungsmöglichkeiten. Den einen zieht es mehr in den Kundenkontakt, der andere spezialisiert sich auf das Tunen von Rennmaschinen (mit oder ohne Motor). Entsprechend vielfältig sind die Weiterbildungsmöglichkeiten, die schon wegen der technischen Entwicklung ein Muss in dieser Branche sind. Wer sich selbstständig machen möchte, kann nach der Ausbildung die Weiterbildung zum Meister beginnen, Altgesellen haben dagegen eine Wartefrist von sechs Jahren, davon vier in leitender Funktion und müssen zudem die entsprechenden betriebwirtschaftlichen Kenntnisse nachweisen.

Ausbildungsplatzsuche

Sie können sich bei der örtlichen Handwerkskammer oder Innung nach Ausbildungsbetrieben erkundigen. Im Internet hilft oft der Blick in den Ausbildungsplatz-Informationsservice der Arbeitsagentur unter *www.arbeitsagentur.de*. Oder Sie suchen in den gelben Seiten Ihrer Region nach Kraftfahrzeug-Werkstätten und fragen dort nach Lehrstellen. Denken Sie bei der Ausbildungsplatzsuche auch an die anderen fahrzeugtechnischen Ausbildungsberufe und erkundigen sich nach entsprechenden Alternativen.

(!) Tipp

Wer sich die Ausbildung zum Zweiradmechaniker (noch) nicht zutraut, aber dennoch auf diesem Gebiet arbeiten möchte, für den gibt es seit 2004 auch den zweijährigen Ausbildungsberuf des Fahrradmonteurs. Hier sind die beruflichen Anforderungen geringer, ebenso die Möglichkeiten des Fortkommens. Auf Antrag können jedoch zu einem späteren Zeitpunkt die nachgewiesenen Kenntnisse auf eine Ausbildung zum Zweiradmechaniker angerechnet werden.

Die Bauwirtschaft bietet vielfältige berufliche Möglichkeiten – gerade für Hauptschüler.

Zudem besteht in vielen Fällen die Möglichkeit eines ersten Berufsabschlusses nach zwei Jahren, so dass die Entscheidung für eine dreijährige Ausbildung auch später erfolgen kann:

1. Ausbildungsjahr	Gemeinsame Grundbildung		
2. Ausbildungsjahr	Hochbaufacharbeiter	Ausbaufacharbeiter	Tiefbaufacharbeiter
3. Ausbildungsjahr	• Maurer • Beton- und Stahl-betonbauer • Feuerungs- und Schornsteinbauer	• Estrichleger • Fliesen-, Platten- und Mosaikleger • Trockenbau-monteur • Wärme-, Kälte- und Schallschutz-isolierer • Stukkateur • Zimmerer	• Kanaltiefbauer • Spezieltiefbauer • Straßenbauer • Rohrleitungsbauer • Gleisbauer • Brunnenbauer

Um dieses Buch kostengünstig anbieten zu können, wurden nicht alle hier aufgeführten Ausbildungsberufe weiter vorne beschrieben, sondern nur die ausgewählt, in denen besonders viele Ausbildungsplätze für Hauptschüler angeboten werden. Es lohnt sich also, ggf. auch nach anderen in dieser Übersicht genannten Berufe zu fragen.

Beachten Sie jedoch, dass gerade in der Baubranche große Unterschiede in den Beschäftigungsmöglichkeiten nach der Ausbildung bestehen.

Fahrzeugtechnische Berufe

- KFZ-Mechatroniker/-in
- Mechaniker/-in für Karosserieinstandhaltungstechnik
- Karosserie- und Fahrzeugbaumechaniker/-in
- Mechaniker/-in für Landmaschinentechnik
- Zweiradmechaniker/-in

Weitere technische Berufe

- Fahrzeuginnenausstatter/-in
- Metallbauer/-in
- Metallbauer/-in für Nutzfahrzeugbau
- Mechaniker/-in für Reifen- und Vulkanisationstechnik

Weitere Berufe

- Fahrradmonteur/-in
- Tankwart/-in